文史趣錄 下

葉獻高 ◆ 編著

目錄
CONTENTS

第四編

故事

（十四）朋友之交

八拜之交

　　八拜之交，為舊時世交子弟見長輩的禮節。邵伯溫《邵氏聞見錄》卷十：「公（文彥博）至北京，李稷謁見，坐客次，久之。公著道服出，語之曰：『而父，吾客也，只八拜。』」又後世稱異姓結為兄弟的為「八拜之交」。《醒世恒言》中的《李汧公窮邸遇俠客》：「只見眾人忙擺香案，抬出一口豬，一腔羊……祭過了天地，又與房德八拜為交，各敘姓名。」又元王實甫《西廂記》一本一折：「有一人姓杜，名確，字君實，與小生同郡同學，當初為八拜之交。」

　　明湯顯祖《紫釵記・吹臺避暑》云：「俺二人以八拜之交，同三軍之事。」元曲《諫蘇秦》：「你不知道張儀和我是八拜之交的朋友。」

　　八拜之交是對結義雙方長輩行八拜之禮，才正式結為金蘭之好。

　　金蘭，言交友相投合。《易・繫辭》上：「二人同心，其利斷金；同心之言，其臭如蘭。」《太平御覽・吳錄》：「張溫英才瑰瑋，拜中郎將，聘蜀與諸葛亮結金蘭之好焉。」《世說新語・賢媛》：「山公與嵇、阮一面，契若金蘭。」山公，山濤；嵇，嵇康；阮，阮籍。後引

申為異姓結拜兄弟之詞，如結義金蘭。

金蘭簿：馮贄《雲仙雜記》卷五引《宣武盛事》：「戴弘正每得密友一人，則書於篇簡，焚香告祖考，號為金蘭簿。」舊時結拜兄弟時，各序譜系，交換為證，稱為「金蘭譜」或簡稱「金譜」。

八拜之交是根據歷史的沿革，涉及八個著名的金蘭典故共十六位莫逆之交，沿襲前人成說。這八個典故如下：

知音之交 伯牙子期
刎頸之交 廉頗相如
膠漆之交 陳重雷義
雞黍之交 元伯巨卿
管鮑之交 管仲叔牙
生死之交 劉備關公張飛
忘年之交 孔融禰衡（范云何遜）
莫逆之交 子桑戶、孟子反、子琴張

■ 一 知音之交

知音之交，《呂氏春秋‧本味》記伯牙善鼓琴，鍾子期善聽琴，能從伯牙的琴聲聽出他的心意。後因稱知己朋友為「知音」。鍾子期死，伯牙破琴絕弦，終身不復鼓琴，後世謂知己為知音。《三國志‧魏‧王粲傳》附吳質《注》引《魏略》曹丕與質書：「昔伯牙絕弦於鍾期，仲尼覆醢於子路，愍知音之難遇，惜門人之莫逮也。」杜甫

《哭李常侍嶧》詩:「斯人不重見,將老失知音。」

　　《列子‧湯問》:「伯牙鼓琴,志在高山。鍾子期曰:『善哉,峨峨兮若泰山。』志在流水,鍾子期曰:『善哉,洋洋兮若江河。』」後多用此為知音難遇之典,或喻樂曲高妙。金董解元《西廂記》四:「不是秦箏合眾聽,高山流水少知音。」後因以「高山流水」或「流水高山」為得遇知音或知己之典。《大宋宣和遺事》前集:「說破興亡多少事,高山流水有知音。」

▣ 刎頸之交

　　刎頸之交指友誼深摯,可以同生死共患難的朋友。《史記‧廉頗藺相如列傳》:「卒相與歡,為刎頸之交。」司馬貞《索隱》引崔浩曰:「要齊生死而刎頸無悔也。」又《張耳陳餘傳》:「余年少,父事張耳,兩人相與為刎頸交。」

▣ 膠漆之交

　　膠漆之交,膠和漆,喻事物的牢固結合。《韓非子‧安危》:「堯無膠漆之約於當世而道行,舜無置錐之地於後世而德結。」也比喻情意相投,親密無間。《史記‧魯仲連鄒陽列傳》:「感於心,合於行,親於膠漆,昆弟不相離。」《莊子‧駢拇》:「待繩約膠漆而固者,是侵其德也。」

　　陳重,東漢豫章宜春人,字景公。少習《魯詩》、《顏氏春秋》。

舉孝廉，為郎。有同署郎欠債數十萬，債主日至，重密以錢代還，終不言惠。後復舉茂才，為細陽令，遷會稽太守，拜侍御史卒。

雷義，東漢豫章鄱陽人，字仲公。初為郡功曹，嘗救人出死罪，罪者以金二斤謝，不受。舉孝廉，拜尚書侍郎，有同署郎坐事當刑，義默自表取其罪，事覺，順帝劉保詔除刑。後拜侍御史，除南頓令。

四 雞黍之交

雞黍，謂殺雞為黍，後用為招待朋友情意真率之語。《論語‧微子》：「（丈人）止子路宿，殺雞為黍而食之。」《文選》南朝梁范彥龍（雲）《贈張徐州稷》詩：「恨不具雞黍，得與故人揮。」孟浩然《過故人莊》：「故人具雞黍，邀我至田家。」

五 管鮑之交

春秋時管仲和鮑叔牙兩人相知最深，後常用以比喻交誼深厚的朋友。仲嘗言：「生我者父母，知我者鮑子也。」唐杜甫《貧交行》：「君不見管鮑貧時交，此道今人棄如土。」晉傅咸《感別賦》：「悅朋友之攸攝，慕管鮑之遐蹤。」

六 生死之交

《三國演義》第一回《宴桃園豪傑三結義》：「（張）飛曰：吾莊

後有一桃園，花開正盛，明日當於園中祭告天地，我三人結為兄弟，協力同心，然後可圖大事。」玄德（劉備）、雲長（關羽）齊聲應曰：「如此甚好。」次日，於桃園中，備下烏牛白馬祭禮等項，三人焚香，再拜而說誓曰：「念劉備、關羽、張飛，雖然異姓，既結為兄弟，則同心協力，救困扶危；上報國家，下安黎庶；不求同年同月同日生，但願同年同月同日死。皇天后土，實鑒此心。背義忘恩，天人共戮。」誓畢，拜玄德為兄，關羽次之，張飛為弟。祭罷天地，復宰牛設酒，聚鄉中勇士，得三百餘人，就桃園中痛飲一醉。

七 忘年之交

忘年交，指不拘年歲輩分，而成為莫逆之交。史傳相傳甚多，如東海孔融與禰衡（後漢書·衡傳），南朝梁張纘與裴子野、范雲與何遜（《梁書》中的《纘》傳、《遜》傳），北齊李際、盧誕（《周書·尼》傳），唐張鎰與陸贄（《舊唐書·贄》傳），宋錢惟演與梅堯臣（《宋江史·堯臣》傳）等都有忘年交之稱。《南史·何遜》傳：「弱冠，州舉秀才，南鄉范雲見其對策，大相稱讚，因結忘年交。」范云是南鄉舞陰（今河南泌陽西北）人。

八 莫逆之交

莫逆之交，彼此同心相契，無所逆。《莊子·大宗師》：「（子桑戶、孟子反、子琴張）三人相視而笑，莫逆於心，遂相與友。」意謂彼此心意相通，無所違逆。後又稱情投意合、友誼深厚為「莫逆」。

莫逆之交又指子祀、子輿、子犁、子來四人之友情。

　　《梁書・處士何點傳》：「與陳郡謝、吳國張融、會稽孔稚珪為莫逆友。」《周書・黎景熙傳》：「雖窮居獨處，不以飢寒易操，與范陽盧道源為莫逆之友。」《北齊書・崔傳》附子瞻：「與趙郡李為莫逆之交。」

夷吾、叔牙管鮑之交
——鮑叔牙慧眼識人才

夷吾是歷史上的複姓。春秋時晉惠公名夷吾，其支系子孫以此為姓。叔牙是名。夷吾在此是名。

管仲，春秋初期著名的政治家，名也叫夷吾，字仲，亦稱敬仲，潁上（潁水之濱）人。由鮑叔牙推薦，被齊桓公任命為卿，尊稱「仲父」。實行改革，使齊增強國力，讓桓公以「尊王攘夷」為名，九合諸侯，成為春秋第一個霸主。後有《管仲》一書，為後人依託之作。鮑叔牙，春秋時齊人，即鮑叔。與管仲交，知管仲賢。鮑叔牙事公子小白，管仲事公子糾。及小白立，為桓公，鮑叔牙遂薦管仲。管仲嘗曰：「生我者父母，知我者鮑子也。」故後世　言人之相知，必稱管鮑。

鉤是一種兵器，似劍而曲。

管仲年少時曾與鮑叔牙交往，鮑叔牙知道他很有才幹，管仲貧乏窮困，常常騙取鮑叔牙的財物。鮑叔牙一直待他很好，從未提過這件事。後來兩人合夥做生意，管仲出很少的本錢，但分利潤的時候，卻佔了頭名大份。鮑叔牙看待錢財如糞土，人意值千金，從來沒有計較過這些蠅頭小利，但人們都背地裏議論管仲貪財。鮑叔牙知道之後，就替管仲開脫，說管仲不是貪圖錢財，他這樣做是因為家庭負擔太

重，又要侍奉贍養母親，多分給他一些錢，是自己心甘情願的。

管仲曾多次為鮑叔牙辦事，事情都辦不成，讓鮑叔牙很困窘。但鮑叔牙並不認為他愚笨，因為鮑叔牙知道時機有利有不利，事情之所以辦不成，是由於運氣不好的緣故，時機沒有成熟罷了。

管仲曾多次做官，也多次被君主罷黜。鮑叔牙並不認為他沒有才能，反而認為他時運不濟。

管仲曾三次帶兵打仗，但三次都從戰場上逃跑回家。人們譏諷他是怕死鬼。鮑叔牙聽到後，又為管仲開脫，對人們說，因為他對年邁的母親牽腸掛肚，這是忠孝難兩全。

管仲當公子糾的老師，鮑叔牙亦當公子小白的老師。當時齊國的國君齊襄王暴虐無道，又經常不臨朝處理政事，貪戀酒色，最終被大臣們殺死。齊襄王被殺之後，為了爭奪王位，公子糾和公子小白曾展開過激烈的爭鬥，管仲與鮑叔牙即各隨其主。管仲想殺掉小白從而讓公子糾能順利當上國君，可惜在放暗箭的時候，射中了小白的衣帶鉤，小白卻安然無恙，結果奪得了皇位，是為齊桓公。公子糾逃亡在外，後被魯國的人殺死，他的老師管仲也當了囚犯。

齊桓公即位之後，想任命鮑叔牙當齊相。但鮑叔牙卻認為自己不是當丞相的料子，大力推舉被囚在魯國的管仲。他又為管仲開脫，說管仲以前忠實於自己的主公糾，這並不是什麼罪過。他向齊桓公薦舉管仲，說他治理國家的才能比自己強，這體現在五個方面：

　　寬以從政，惠以愛民；

治理江山，權衡安穩；

取信於民，深得民心；

制訂禮儀，風化天下；

整治軍隊，勇敢善戰。

鮑叔牙斷定，要是齊桓公能夠重用管仲，必成霸業。

公子糾與小白爭君位而失敗，管仲在魯國忍辱被囚，鮑叔牙並不認為他無恥而極力薦舉他當丞相。因為鮑叔牙深知，管仲不拘小節，而以功名不顯揚於天下為恥。所以管仲說：「生我者父母，知我者鮑子也。」

鮑叔牙把管仲推薦給齊桓公以後，自己處在管仲以下的官位；子子孫孫世世代代在齊國享有俸祿，有封地的十幾代，他們在齊國大多是有名的大夫。天下的人不稱道管仲的賢能，而稱道鮑叔牙慧眼識人才。

羊角哀、左伯桃捨命之交

羊角哀，戰國時燕國人。與左伯桃為友，聞楚王賢，乃俱入楚。中途值雨雪，糧將盡，伯桃乃並衣糧與哀，令往，自餓死於空樹中。哀至楚，楚王用為上大夫。後哀備禮以葬伯桃，己亦自殺。

左伯桃是戰國時燕國人，與羊角哀友善。聞楚王善待士，與之同入楚。途中值雨雪，衣單糧少，伯桃乃並衣糧與哀，令其事楚，自己餓死於空樹中。哀事於楚，顯名當世，乃啟樹改葬伯桃，哀則自殺。

西漢時期，楚元王劉交慕仁好義，招賢納士。燕國人羊角哀與左伯桃友善，品德高尚，才華橫溢，得悉楚元王崇儒重道天下歸心，所以相約共赴楚國。

楚元王劉交，西漢沛人，字遊。高祖同父異母弟。好讀書，多才藝，受《詩》於荀卿門人浮丘伯。從劉邦起兵，入關後封文信侯，隨劉邦轉戰各地。高祖即位，封為楚王。曾為《詩》傳，稱《元王詩》。

當時正是隆冬之際，風雪交加，他們日夜兼程，水陸俱進，曉行夜宿，長途跋涉，雪湮山路，不辨方向，又凍且餓，眼見乾糧將盡，仍拼命沿著山道迤邐而行。

正當此時，左伯桃暗自思忖，只剩這點乾糧，僅供一個人食用，猶可挨到楚國。若二人俱往，縱然不被凍死，勢必餓死於途中。他自

知學問比不上羊角哀博大精深，而有自知之明，寧願犧牲自己，以成全羊角哀的美名。於是他故意摔倒於地，叫羊角哀去搬來大石一塊坐著歇息。待羊角哀搬來大石之時，左伯桃已經把身上的衣服脫得精光，裸臥於冰天雪地裏奄奄一息，羊角哀只見衣服和乾糧整齊地放在一旁，不禁悲哀地大哭。左伯桃叫他穿上自己的衣服禦寒，把乾糧帶走，火速去求取功名。臨死之際與羊角哀訣別道：「賢弟當有凌雲志，但願衣錦葬爾兄。」於是便離開了人世間。

羊角哀哭成了淚人，將左伯桃的屍首掩埋在一棵乾枯老樹的洞中，然後背起錢褡和乾糧，三步一叩首五步一回頭地慟哭離去。

經過長途跋涉，羊角哀終於來到了楚國。楚元王劉交召見了他，求教強國富民的良策。羊角哀不即刻獻出計策，道：「強國富民之法，不能憑空設想，需據實而定，請允許我在貴國走訪十日而後再告大王。」楚元王應允，並派上大夫裴仲陪同外調。

經過十天的深入民間調查之後，羊角哀掌握了第一手材料，便向楚元王陳述十條強國富民之策。楚元王大悅，設宴隆重款待，並封羊角哀為中大夫，坐上座，賞賜黃金百兩、彩帛百尺。羊角哀謝過楚元王隆恩盛情後，慟哭不已。

楚元王詳問其因，羊角哀便將左伯桃贈衣糧之事講述一遍，同時再三欷歔，請求前往安葬左伯桃，以告他在天之靈。楚元王非鐵石之人，聽後亦大為悲痛，亦追封左伯桃為中大夫，並賜一筆埋葬費用，派大隊人馬護送羊角哀前往。

羊角哀找到了左伯桃的屍首之後，親自給他香湯沐浴，穿戴中大夫衣冠，置內棺外槨，擇吉地安葬，讓他安息。

當天晚上，羊角哀便在左伯桃墓前守墓。夜間，他夢見左伯桃遍體鱗傷且步履蹣跚地走來。

究其因，原來左伯桃的墓地與戰國時刺客荊軻的墓地相近。當年荊軻受燕太子丹之重託，過易水刺秦王未遂反被殺，高漸離便以其屍葬於此處。荊軻的陰魂「神極威猛」，屢次三番欺凌左伯桃。羊角哀聽罷，悲慟不已，下定決心挖掘荊軻墓，無奈當地人誓死不從。於是羊角哀「掣取佩劍，自刎而死」，變成鬼去助左伯桃。「是夜二更，風雨大作，雷電交加，喊殺之聲聞數十里。清晨視之，荊軻墓上，震裂如發，白骨散於墓前。墓邊松柏，連根拔起，廟中忽然起火燒作白地。」

楚元王聽到這消息後，感其義，重新差官吏往墓前建廟，加封上大夫，敕賜廟額，曰「忠義之神祠」，勒碑記其事，香火不絕，四時享祭。

後人將友誼深厚的摯友美稱為「羊左」，喻生死之交。《文選》南朝梁劉李標（峻）《廣絕交論》：「想惠莊之清塵，庶羊左之徽烈。」

伯牙、鍾子期知音之交

　　鍾子期，春秋時楚國人。善辨音律。相傳伯牙鼓琴，子期聽之，能知伯牙鼓琴時志在高山或志在流水。凡伯牙所念，子期必得之。因與伯牙引為知音。子期死，伯牙破琴絕弦，終身不復鼓琴。

　　伯牙，春秋時琴師。《荀子·勸學》有「伯牙鼓琴，而六馬仰天秣」的記載，喻其琴藝高超。據《樂府解題》：伯牙學琴於成連先生，三年不成。後隨成連至東海蓬萊山，聞海水彭湃，群鳥悲號之聲，心有所感，乃援琴作曲，後世傳此曲為《水仙操》。又相傳《高山流水》也是他演奏過的琴曲。

　　鍾子期是春秋時楚國人。楚又稱「荊」、「荊楚」，建都丹陽（今湖北秭歸西北）。據說鍾子期的父親是楚國宮廷的首席音樂大師，因與宮女情投意合而私奔，回到故里鍾家臺。又為了躲避追殺，舉家遷到鄰近的集賢村，這裏住著大批隱居於此的社會賢達，在這寧靜的環境中過著安定的生活。既無車馬之喧鬧聲，終年又無聞絲竹聲。

　　絲竹指絃樂器（如琵琶、二胡等）與竹製的管樂器（如簫、笛等）。亦泛指音樂。

　　由於父母長期對鍾子期的言近旨遠及言傳身教，使他耳濡目染，再加上他天稟聰穎，音樂技能與運用的技巧不斷提高與嫻熟。對父母耳提面命悟道之言，悟性之理解的能力亦迅速提高，他心甘情願做一

個閒雲野鶴的樵夫。

閒雲野鶴原為閒人孤鶴。閒人指清閒少事之人。鶴性孤高，喜居林野，故常以野鶴喻隱士。籠雞有米遭湯鑊，野鶴無糧天地寬。「孤雲將野鶴，豈向人間住。」比喻來去自由，無所羈絆，像野鶴徜徉於煙水間。

樵夫即山上打柴的人。

伯牙是春秋時晉國的上大夫。會鼓琴。學琴於成連，三年不成。成連使至東海蓬萊山，聞海水澎湃、群鳥悲號聲，情有所移，心有所感，琴藝大進。琴曲《水仙操》、《高山流水》傳為其作品。與鍾子期友善，能窮其意趣。後子期死，痛世無知音，不復鼓琴。

成連，春秋時人。伯牙從之學琴。三年伯牙技成，而於精神情志未專一，成連乃攜伯牙至蓬萊山，使獨留旬日。伯牙但聞海水汩沒崩澌、群鳥悲號之聲而移其情，使其情志專一，情意綿綿。伯牙遂成妙手。

蓬萊是山名。古代方士傳說為僊人所居。《山海經》記「蓬萊山在海中」。《史記·封禪書》：「自威、宣、燕昭使人入海求蓬萊、方丈、瀛洲。此三神山者，其傳在勃海中。」蓬萊又名「蓬壺」。

《高山流水》：見《列子·湯問》：「伯牙善鼓琴，鍾子期善聽。伯牙鼓琴，志在高山，鍾子期曰：『善哉，峨峨兮若泰山。』志在流水，鍾子期曰：『善哉，洋洋兮若江河。』」後多用此為知音難遇之典，或喻樂曲高妙。金董解元《西廂記》曰：「不是秦箏合眾聽，高

山流水少知音。」

成連帶著伯牙赴東海蓬萊山，讓大自然對他的思想性格以有益的影響，陶冶其情操，使其陶然自得，以便造就人才，於是留伯牙一人孤零零地陪伴著孤島，在山上撫琴十多天。蓬萊的孤寂，讓他難耐，形成孤高不群的性格。伯牙開始感到窒息，除了見到怪峰突兀和怪石嶙峋之外，聽到的是山崩地裂般驚濤拍岸的駭浪之聲；再加上深山老林中怪鳥的淒絕之聲，而風聲又是如此的淒厲，寒蟬之聲又是這般的淒切，以及氣候的苦寒，使他感到整個大自然是如此的淒風苦雨，如此的孤寂與冷漠。

伯牙終於領悟老師對自己的一片苦心，是為了讓自己苦心孤詣，讓大自然陶冶自己的性靈，移情於己。於是他苦思冥想，又竭盡全力磨礪自己。在艱難苦困的環境裏磨煉意志和才幹，自此琴藝大進。他所創作的《高山流水》、《水仙操》均成為十年磨一劍之作，無論是藝術技法的純熟、藝術能力的高超，藝術技巧的運用，還是藝術技藝的精湛，均達到了爐火純青的程度。其樂曲的思想高度、彈奏的演技亦已經達到出神入化之境界，為同行所無法企及，亦超出了常人所能理解、領悟的範圍，偌大的天下卻無一人能領略他琴聲的真諦。

有一年，伯牙奉晉王之命出使楚國，正值八月十五日，他乘船抵達漢陽江口岸，停泊在一座土山下。夜間雲開月出，景致可人，他琴興甚篤，豈料一根琴弦在一陣急促的轉折之後，轟然崩斷。伯牙當即斷定，必然有精通樂理的人在附近出沒。果然遇上了打柴人鍾子期。

鍾子期一眼相中伯牙的琴技，又一語破的：「這是瑤琴！相傳是

伏羲氏所造。」

瑤琴，有玉飾的琴。

伏羲，傳說中遠古帝王。風姓。相傳始作八卦，教民結網，從事漁獵畜牧，以充庖廚。他為神話中人類始祖，與女媧氏兄妹為婚，制嫁娶，正姓氏。圖像為蛇身人首。

這把琴的材質取自梧桐樹。梧桐材質細密，木樹供制樂器和傢俱用。選材時，將梧桐樹的木料切去首尾，取其中間的一段，因這一部分音質清晰逼真，音韻悠揚，音域寬廣，音質效果極佳，中庸和諧，輕重相兼。瑤琴由金童頭、玉女腰、僊人背、龍池、鳳沼、玉軫和金徽七部分組成。開始是五弦琴，後因周文王被紂拘於羑里又因懷念自己的愛子伯邑考當人質於商，而增加琴弦一根。因為其音清幽、哀婉，令人哀憐，又猶如寒鴉哀鳴，使人淒切哀傷，又猶如傾訴內心的哀怨，令人哀痛欲絕，故被人稱為「文弦」。其後周武王伐紂，又增加上一根琴弦，弦音激越高亢，激情滿懷，讓人壯懷激烈，易於激揚士氣，被人們稱為「武弦」。因此瑤琴又被稱為「文武七絃琴」，又因以七絃為琴的代稱。《嵇中散集》一《酒會》詩：「但當體七絃，寄心在知己。」

金童玉女，道家謂供僊人役使的童男童女；僊人，神話及宗教所稱長生不老的人；龍池，鳳沼，皆為弦底孔眼。上曰龍池，下曰鳳沼；玉軫，金徽，玉製的琴軫。軫，繫琴的小柱；金徽，金飾的琴徽。梁元帝《詠秋夜》詩：「金徽調玉軫，茲夜撫離鴻。」

這把舉世珍貴的瑤琴自知音死後第二年竟被伯牙摔碎在鍾子期的墓前。正是知音彈與知音聽，不是知音莫與彈。彈給不是知音聽，無異於對牛彈琴。牛耳聾瞶，不知聲味。《弦明集》曰：「昔公明儀為牛彈清角之操，伏食如故。」白費心機罷了。

這把無價之寶的瑤琴，其價值就是鍾子期墓地的價值。只有曾經身陷孤島的伯牙，才像失群孤雁夜長鳴那樣，既哀憐又孤身，既孤寂又孤高不群。天下只有伯牙才能真正理解鍾子期之為鍾子期，鍾子期為什麼是一個打柴人；真正領略伯牙的琴聲，舍我其誰！這就是鍾子期的驕傲，是他驕視同儕之所在。

鍾子期是春秋戰國時楚國人，籍貫在今武漢三鎮之一的漢陽。在馬鞍山南麓的鳳凰山（咀）坐落著鍾子期墓與知音亭。古琴臺是為紀念伯牙和鍾子期知音之交的故事所建，主體殿堂前的漢白玉方形石臺，相傳就是伯牙撫琴處。《高山流水》志在登高山，鍾子期擊節讚賞曰：「善哉，峨峨兮若泰山！」志在流水，鍾子期再擊節讚賞曰：「善哉，洋洋兮若江河！」仍彷彿縈繞遊人耳際。流芳百世知音之交的故事就發生在這裏，令人發千古悠悠之情。清光緒十五年（1889年）漢陽知縣華某立碑，在「文化大革命」中已被搗毀。1980年修復，碑文刻著「楚隱賢鍾子期之墓」。人們心中真正的豐碑是不會被人為所泯滅的。今已闢為武漢市旅遊景點的名勝古蹟，為觀光之好去處。

廉頗、藺相如刎頸之交

藺相如是戰國趙國大臣，原為趙宦者令繆賢舍人。趙惠文王時，秦昭王強索和氏璧，詐云以十五城交換。以繆賢薦，相如奉命帶璧入秦，當庭據理力爭，終於完璧歸趙，以功拜上大夫。趙惠文王二十年（公元前 279 年）隨趙王與秦王赴澠池（今河澠池西）相會，以其忠勇智慧，使趙王免受屈辱，因功任上卿，位居廉頗之上，廉頗意欲羞辱之。相如容忍謙讓，認為兩虎相鬥，必有一傷，哪有兩全之理，所以避著他，以國家的急難為首，把個人恩怨放在次要的地位。廉頗終於愧悟，袒背負荊請罪，與相如成刎頸之交。

戰國時，趙國宦者令繆賢的舍人藺相如，受趙王派遣，攜帶稀世珍寶和氏璧出使秦國。

和氏璧又名和璧，春秋時楚人和氏（卞和）所得的寶玉。卞和發現一塊玉璞，先後獻給楚武王。武王得寶不識寶，卞和卻被認為犯欺君之罪，被截去雙腳。等到楚文王即位，卞和又抱璞哭於荊山下，楚王派人剖玉加工，果得寶玉，稱「和氏璧」。

藺相如憑藉智慧與勇氣，據理力爭，最終完璧歸趙，獲得趙王的嘉獎，封為上大夫。秦王一計未逞，又施一計，再提出與趙王相會，企圖逼迫趙王屈服，妥協讓步。藺相如和廉頗力勸趙王赴會，不要放棄鬥爭，以顯示趙國的堅強意志和趙王的果敢決斷。

廉頗的勇猛強悍與周密佈置，讓趙王壯膽，也給秦王兵威施壓；藺相如在澠池會上不卑不亢與秦王周旋，毫不示弱地與之交鋒，終使秦王無法招架。對秦王與群臣成了巨大的威懾，也顯示出趙國的威嚴。趙王最終免受屈辱之羞，安全地回到了趙國。

趙王以為此行以相如的功勞最大，拜相如為上卿，官位在廉頗之上。廉頗說：「我身為趙國的將軍，有攻城掠地、擴土保疆的大功勳。而相如呢，只不過動動口舌立了星點兒功，竟然位高於我，而且他本身出身寒微下賤，這太使我難堪了，叫我如何忍心坐在他的下位呢？」相如聽說之後，就不肯與廉頗見面。每當朝會之時，他經常託詞生病而不出席，避免與廉頗爭列次。

有一次，相如外出，遠遠地望見了廉頗，相如趕緊調轉車頭躲避。於是他的一些門客便聯合起來，進言道：「我們之所以離親別故地追隨在你的左右，只不過是仰慕你的德高望重啊。如今，你與廉頗同朝為官，廉頗公然惡語相向，而你竟被嚇得躲躲閃閃的不敢露面，未免過分地膽小怕事了。這在尋常的人都感到羞恥，何況位居將相的你呢！我們沒有這種涵養，容我們告辭吧！」

相如再三挽留，說：「依諸位看，廉將軍比秦王強嗎？」「當然比不上秦王！」大家異口聲地說。「以那秦王的權威，我尚敢在大庭廣眾之下呵責他，羞辱他的群臣。我藺相如再不中用，難道就只怕廉將軍嗎？但是我每想到強秦之所以不敢對趙國發動戰爭，還不是因為他和我同時在朝為官嗎？如果我們兩個人鬥意氣，就會如兩虎相鬥，哪有兩全之理；我之所以避著他，無非是把國家的急難放在首位，把

個人恩怨放在次位就是了。」藺相如識大體顧大局的精神，深深地感動了廉頗。廉頗聽了之後就袒露著上體，帶著荊鞭，由朋友陪送來到藺相如家謝罪。他說：「我太淺薄了，沒想到先生的胸襟如此的寬大。」廉頗知錯即改，這種精神需要的是勇氣。兩人最終結為至交，成為生死與共的摯友。

劉備、關羽、張飛生死之交

　　劉備，字玄德，身長七尺五寸，兩耳垂肩，雙手過膝；目能自顧其耳，面如冠玉，唇若塗脂；乃中山靖王劉勝之後，漢景帝玄孫。劉備幼孤，性寬和，寡言語，事母至孝，喜怒不形於色，素有大志，專愛結交天下豪傑。嘗師事鄭玄、盧植，與公孫瓚等為友。

　　玄德祖劉雄，父劉弘。弘曾舉孝廉，亦嘗作吏，早喪。玄德事母至孝；家貧，販履織蓆為業，不甚好讀書。家住本縣（涿鹿）樓桑村。其家之東南，有一大桑樹，高五丈餘，遙望之，童童如車蓋。相者云：「此家必出貴人。」

　　東漢末年，益州牧劉焉放榜招軍，此時玄德年已二十八歲。當日見了榜文，慨然長歎，隨後一人屬聲言曰：「大丈夫不與國家出力，何故長歎？」玄德回視其人，身長八尺，豹頭環眼，燕頷虎鬚，聲若巨雷，勢如奔馬。玄德見其形貌異常，問其姓名，其人曰：「某姓張，名飛，字翼德。世居涿縣，頗有莊田，賣酒屠豬，專好結交天下豪傑，适才見公看榜而歎，故此相問。」劉邦說：「我本漢室宗親，姓劉，名備。今聞黃巾猖亂，有志欲破賊安民，恨力不能，故長歎耳。」飛曰：「吾頗有資財，當招募鄉勇，與公同舉大事，如何？」玄德甚喜，遂與同入村店中飲酒。正飲間，見一大漢，推著一輛車

子，到店門首歇了；入店坐下，便喚酒保：「快斟酒來吃，我待趕入城去投軍。」玄德看其人，身長九尺，髯長二尺；面如重棗，唇若塗脂；丹鳳眼，臥蠶眉，相貌堂堂，威風凜凜。玄德邀他同坐，叩其姓名。其人曰：「吾姓關，名羽，字壽長，後改雲長，河東解良人也。因本處勢豪，倚勢凌人，被吾殺了；逃難江湖，五六年矣。今聞此處招軍破賊，特來應募。」玄德遂以己志告之。雲長大喜。同到張飛莊上，共議大事。

飛曰：「吾莊後有一桃園，花開正盛；明日當於園中祭告天地，我三人結為兄弟，協力同心，然後可圖大事。」玄德、雲長齊聲應曰：「如此甚好。」次日，於桃園中，備下烏牛白馬祭禮等項，三人焚香，再拜而說誓曰：「念劉備、關羽、張飛，雖然異姓，既結為兄弟，則同心協力，救困扶危；上報國家，下安黎庶；不求同年同月同日生，但願同年同月同日死。皇天后土，實鑒此心。背義忘恩，天人共戮！」誓畢，拜玄德為兄，關羽次之，張飛為弟。祭罷天地，復宰牛設酒，聚鄉中勇士，得三百餘人，就桃園中痛飲一醉。

「不求同年同月同日生，但願同年同月同日死。」這一豪言壯語，向為人們所熟記和讚賞，充分顯示出劉關張在困難時利害一致、同舟共濟、同心同德的精神與同仇敵愾的思想。他們為了共同目的而定同歸於盡之決心，這就是生死之交，為了共同的目的而願拋卻家園、金錢甚至生命。

孔融、禰衡忘年之交

　　孔融，東漢魯國人，字文舉。孔子二十世孫。性好學，有異才。安闕司徒楊賜府，大將軍何進舉高第，為侍御史。後闕司空掾，拜北軍中侯，遷虎賁中郎將。以許董卓，轉議郎。獻帝時為北海相，立學校，表儒術，薦賢良。歷少府、太中大夫，名重天下。自負才氣，對曹操多侮慢之辭，曾被免官，終與曹積怨，構陷成罪，被操所殺。辭有名於世，為「建安七子」之一。有《孔北海集》。

　　禰衡，東漢平原般人，字正平。少有才辯，性剛傲慢。唯善孔融及楊脩。融深愛其才，數稱述於曹操。操欲見之，禰衡稱病未往。操召為鼓更，大會賓客，欲辱衡，反被衡所辱。操怒，遣人送與劉表，表不能容，轉送江夏太守黃祖，卒被殺。今存其借物抒懷之《鸚鵡賦》。

　　據《後漢書·禰衡傳》記載：「衡始弱冠，而融年四十，遂以為交友。」

　　孔融家學淵源，博覽群書，為東漢末年一代名儒，名播四海，見於經傳。與時人陳琳、王粲、徐幹、阮瑀、應瑒、劉楨稱為「建安七子」。因曹丕《典論·論文》曾此七人並舉，且予讚揚，又以同居鄴中，亦稱「鄴中七子」。

　　孔融為人恃才傲物，負氣自尊，談吐言詞鋒利，文筆亦尖銳，入

木三分。用詞簡練，構圖簡約，冷嘲熱諷，皆成妙文。與曹操的政治見解不一，常書奏摺加以戲謔嘲笑。曹操因顧忌孔融的聲威，對他也無可奈何。後亦因言獲罪，觸怒曹操被殺。

禰衡，字正平，平原（今山東樂陵西南）人。少有才辯，長於筆箚，性剛傲物。他才華橫溢，才力超群，才識卓著，才思敏捷，所見過目不忘，揮毫即成佳構。

佳構指優秀的文學藝術作品或園林建築。造園如作詩文，必使曲折有法，前後呼應。最忌堆砌，最忌錯雜，方稱佳構（《履園叢話·園林·造園》）。

但禰衡風華正茂，恃才傲物，傲氣十足。鋒芒外露，談吐鋒利，性情狂故，猶如無羈之馬。「見不如己者不與語。」不知韜晦忍，對人往往「臧否過差，人皆以是憎之」（《平原禰衡傳》）。

韜晦，收斂鋒芒；隱忍，隱藏跡，剋制忍耐。

臧否，褒貶，評論；過差，過失差錯，或過分，過度。

只有北海孔融高貴其才，不計較他的無禮與傲慢，認為無可厚非。當時孔融已經四十歲了，而禰衡只有二十歲。孔融對這位意氣風發的精英的才氣才識非常欣賞，彼此情投意合，惺惺相惜，結為忘年之交。

惺惺，指聰慧的人。王實甫《西廂記》：「方通道，惺惺的自古惜惺惺。」

孔融多次寫奏摺竭誠推薦禰衡，並在曹操跟前擊節讚賞道：「資質美善，異於常人，見善若驚，疾惡如仇，如使立於朝廷百官之中，必可見其正直廉能。」

但禰衡初見曹操時就輕口薄舌，舉止輕浮，輕慢失禮，又大罵文武百官，曹操大為惱怒，便安排禰衡做鼓吏。且看《三國演義》第二十三回《禰正平裸衣罵曹》中之一段：「操召衡至。禮畢，操不命坐。禰衡仰天歎曰：『天地雖闊，何無一人也！』操曰：『吾手下有數十人，皆當世英雄，何謂無人？』衡曰：『願聞。』操曰：『荀彧、郭嘉、程昱機深智遠，雖蕭何、陳平不及也。張遼、許褚、李典、樂進勇不可當，雖岑彭、馬武不及也。呂虔、滿寵為從事；于禁、徐晃為先鋒。夏侯惇，天下奇才；曹子孝，世間福將。安得無人？』」

蕭何為劉邦丞相，又薦韓信為大將。劉邦稱帝，蕭何功第一。助高祖滅陳豨、韓信、鯨布等，封相國。

陳平曾任劉邦謀士。建離間項羽、范增，籠絡韓信之計，均被採納。劉邦被匈奴圍於平城，以計賂匈奴閼氏，得出。惠帝、呂后、文帝時歷任丞相。呂后死，平與太尉周勃合謀，誅諸呂，迎立文帝。任丞相。

岑彭曾任劉秀的刺軍大將軍，以功封舞陰侯。治軍嚴整，秋毫無犯。率軍徵隗囂、公孫述，守益州牧。

馬武，從劉秀破王尋等，拜振武將軍。後為侍中、騎都尉。擊劉永等，以功封楊虛侯。明帝初，拜捕虜將軍，破西羌。

「福將」指運氣好，所至如意的將領。古人有言，智將不如福將。

曹操誇示自己得士，天下英雄豪傑，盡歸於己。可惜禰衡並不買他的賬。

衡笑曰：「公言差矣。此等人物，吾盡識之：荀彧可使弔喪問疾，荀攸可使看墳守墓，程昱可使關門閉戶，郭嘉可使白詞念賦，張遼可使擊鼓鳴金，許褚可使牧牛放馬，樂進可使取狀讀詔，李典可使傳書送檄，呂虔可使磨刀鑄劍，滿寵可使飲酒食糟，于禁可使負版築牆，徐晃可使屠豬殺狗。夏侯惇馬市稱為『完體將軍』，曹子孝呼為『要錢太守』。其餘皆是衣架、飯囊、酒桶、肉袋耳！」

禰衡口若懸河地將曹操這批英雄罵得個個羞答答，受盡羞辱。禰衡看低天下多少英雄。

人不激人話激人。曹操被激得大怒道：「汝有何能？」禰衡自豪地道：「天文地理，無一不通，三教九流，無所不曉；上可以致君為堯舜，下可以配德於孔顏。豈與俗子共論乎！」禰衡自信地以簡短之詞概括了自己之所能。

當時張遼在旁邊，掣劍欲斬禰衡。曹操揮手勸止，說：「吾正少一鼓吏，早晚朝賀宴享，可令禰衡充此職。」衡不推辭，應聲而去。張遼問曹操：「此人出言不遜，何不殺之？」曹操說：「此人素有虛名，遠近所聞。今日殺之，天下必謂我不能容物。彼自以為能，故令為鼓吏以辱之。」這是阿瞞精細之處，畢竟是老謀深算，遇事冷靜，

考慮周全，這才能延攬人才，籠絡人心。張遼相比，等而下之。

曹操自以為得計，因為羞辱了禰衡。這是最笨拙的一招。禰衡這個硬漢哪裏吞得下這口窩囊氣，最終亦弄出一個魚死網破，來一個硬碰硬。

一天，曹操在省廳上大宴賓客，令鼓吏撾鼓。舊吏云：「撾鼓必換新衣。」衡穿舊衣而入，遂擊鼓為「漁陽三撾」，音節殊妙，淵淵有金石聲。坐客聽之，莫不慷慨流涕。

漁陽三撾，一作漁陽摻撾，鼓曲名。

淵淵是鼓聲，象聲詞。《詩·小雅·采芑》：「伐鼓淵淵，振旅闐闐。」振旅，整頓部隊；闐闐即盛貌。

在場的人喝道：「何不更衣！」禰衡當面脫下破舊衣服，裸體而立，渾身盡露。坐客皆掩面。衡乃徐徐著褲，顏不變。

曹操大怒　道：「廟堂之上，何太無禮！」衡曰：「欺君罔上乃謂無禮，吾露父母之形，以顯清白之體耳！」

曹操說：「汝為清白，誰為污濁？」這一問就問出個厲害來。禰衡針對這個「誰」字，一針見血地大做文章，毫不客氣，毫不含糊。禰衡說：「汝不識賢愚，是眼濁也；不讀詩書，是口濁也；不納忠言，是耳濁也；不通古今，是身濁也；不容諸侯，是腹濁也；常懷篡逆，是心濁也！吾乃天下名士，用為鼓吏，是猶陽貨輕仲尼，臧倉毀孟子耳！欲成王霸王業，而如此輕人耶？」

禰衡口沸目赤地細數曹操眼黑、口黑、耳黑、腹黑、心黑，這就是陽貨輕慢孔子、臧倉毀孟子。試問曹操還像人嗎？

陽貨又名陽虎，是季孫氏的家臣，他先把自己的主人李桓子抓了起來，佔據了他主人的地位，扶持魯定公，成了魯國的獨裁者。他想延攬人才為其效命，想爭取孔子。但他知道孔子絕對不會去拜見他，他也不願意去拜見孔子。於是趁孔子外出時，派人送了一隻乳豬給孔子。按當時的禮節，如果大夫送禮物給士，這個士如果不在家親自接受禮物，之後就該親自到大夫家叩謝。可是孔子的確不願意與陽貨見面，也趁陽貨不在家，登門叩謝，表示已經盡禮了。沒想到，冤家路窄，在回程中與陽虎碰面了，陽虎說：「來，我跟你說幾句話：不把自己的學問貢獻給國家，反而藏起來，這種行為合乎仁嗎？」「不合乎仁。」「願意從政，卻屢次放棄機會，這算是智嗎？」「不算。」「你要知道時間可是不停留的，歲月可不會等著我們！」孔子應付他說：「好的！我就要出來做官了。」但孔子怎麼會為一個奸賊效命呢？他終於婉拒了陽貨，保全了自己的聲譽。

臧倉，戰國時魯國人。魯平公嬖（寵幸）人。平公欲見孟子，倉誣言孟子非賢者，陰平公之行。

當時孔融在座，擔心曹操殺禰衡，於是從容地說：禰衡罪同勞役的囚徒。

接著，曹操便令人挾禰衡赴荊州為使，欲借劉表的手殺他，令手下文武備酒於東門處送行。荀彧說：「如禰衡來，不可起身。」衡至，下馬入見，眾皆端坐。衡放聲大哭。荀彧說：「何為而哭？」禰

衡說：「行於死柩之中，如何不哭？」眾皆曰：「吾等是死屍，汝乃無頭狂鬼耳！」衡曰：「吾乃漢朝之臣，不作曹瞞之黨，安得無頭？」眾欲殺之。荀彧急止之曰：「量鼠雀之輩，何況污刀！」衡曰：「吾乃鼠雀，尚有人性；汝等只可謂之螺蟲！」眾恨而散。

禰衡到了荊州，見劉表禮畢，雖然頌德，實為譏諷。劉表不悅，令去江夏見黃祖。對眾將說：「曹操不殺他，恐失人望，欲借我手殺之，使我受害賢之名。吾今遣去見黃祖，使曹操知我有識。」劉表亦外顯度量，內隱機謀，英雄所見略同。

劉表，時為荊州刺史，後為成武侯。不參與混戰，愛民養士，眾客自保，靜觀時變。

黃祖，時為江夏太守，事劉表。表送禰衡與祖，祖初善待之。後衡言不遜，祖怒殺之。

後來，黃祖斬了禰衡，劉表問其因。原來黃祖與禰衡共飲，皆醉。黃祖問禰衡：「君在許都有何人物？」禰衡回答：「大兒孔文舉，小兒楊德祖，除此二人，別無人物。」黃祖又問：「似我如何？」禰衡說：「汝似廟中之神，雖受祭祀，俱無靈驗！」黃祖大怒說：「汝以我為土木偶人耶！」遂斬之。衡至死罵不絕口。劉表聽了之後，慨歎不已，令葬於鸚鵡洲邊。

孔文舉就是孔融，字文舉。楊祖德即楊脩，字祖德。孔、楊、禰三人友善。

鸚鵡洲，在今湖北武漢市西南長江中。唐崔顥《黃鶴樓》詩：

「晴川歷歷漢陽樹，芳草萋萋鸚鵡洲。」

　　禰衡被殺時年僅二十六歲，正值風華正茂時。

君子之交淡若水

　　春秋末年之後，有德者稱為君子，無德者稱為小人、野人，如以小人之心度君子之腹。《禮記‧曲禮上》：「博聞強識而讓，敦善行而不怠，謂之君子。」《論語‧子路》：「故君子名之必可言也，言之必可行也。」《荀子‧勸學》：「故君子結於一也。」君子之交是道義之交。《莊子‧山木》：「且君子之交淡若水，小人之交甘若醴；君子淡以來，小人甘以絕。彼無故以合者，則無故以離。」

　　君子之交完全是為了對方，善待對方，想對方所想，急對方所急，從未想過要對方回報任何物質與精神上的報答。

　　水之所以為水，是因為水是無色、無味、無臭的液體。君子之交清淡如水，但又不使乾枯，滋潤如水，這是最恰切的詮釋與說明。

　　水的品質又至柔至清。柔，柔軟和順；清，純潔清澈，樸素清純。故老子贊曰：「上善若水。」上善是最完美最至上的，水善利萬物而不爭。毫不利己，專門利人。無色無味方能調和眾色，容納千味；至柔方能克剛，充沛於天地之間，滋潤萬物，又滴水成冰，再水滴石穿，更水到渠成。水對萬事萬物又毫無私心，毫不偏袒，所以只有水才稱為水準。至清方能清澈見底，彰顯萬物有色無色，彰明混濁清純。

　　水之為水，實為最正之色，最純之味，最柔之性，最剛之氣，故

柔能克剛，弱能克強。既能克剛克強，必顯其陽剛之氣。故以水喻君子之交，措詞十分確切。

孔子曰：「君子懷德，小人懷土，君子懷刑，小人懷惠。」把君子與小人區分得一清二楚。君子與小人每天心中所惦記的事都不相同，君子有自己的主見，不跟著潮流走，更不隨著壞人做壞事。他心中所繫的是怎樣實踐自己的道義；小人每天在心頭所想的是怎樣追名逐利，怎樣占小便宜，追腐逐臭，患得患失。

一次，孔子對曾參說：「子夏的學習成績將會很快就提高，因為他喜歡與比他賢德的人交往。所以說，跟善人相交，猶如進入長滿香花的房子裏，時間久之後，被其感染而潛移默化。因此，君子必然謹慎地選擇與自己在一起的人啊！」所以孔子語重心長地說：「與善人居，如入芝蘭之室，久而不聞其香，即與之化矣。」故稱賢士所居之處為芝蘭室。

芝蘭，香草名。《荀子・王制》：「其民之親我也，歡若父母，好我芳若芝蘭。」《孔子家語・在厄》：「且芝蘭生於深林，不以無人而不芳；君子修道立德，不謂窮困而改節。」芝蘭又作芷蘭。

薛仁貴，少種田為業。太宗貞觀中應募入軍，以驍勇聞名於軍，遷後領軍中郎將。顯慶中破高麗，擒契丹王，以功拜左武衛將軍。擊突厥九姓於天山。發三矢，輒殺三人，於是虜懾皆降。軍中歌曰：「將軍三箭定天山，戰士長歌入漢關。」乾封初以降扶餘等封平陽郡公。咸亨元年（670 年），吐蕃入寇，唐軍敗，仁貴退守大非川，除名為庶人。未幾，高麗餘眾叛。仁貴起為雞林道總管，復坐事貶象

州。會赦還，高宗思其功，起授瓜州長史，不久拜右領軍衛將軍，檢校代州都督。卒於官。

薛仁貴出身寒乞，與妻子棲息於寒窯洞，過著清寒貧困的生活，經常獲得好鄰居王茂生的物資接濟。後來，薛仁貴應募入軍，官高位顯，拜「平遼王」，權傾朝野，位顯一時。一次在高奏凱歌，得勝回朝大宴賓客之時，朝中居高位掌大權的達官顯貴們與地方紳耆商賈，無不爭先恐後地獻殷勤，奉上貴重的禮品，聊表寸心，可皆被一一婉謝。唯獨對王茂生送來的美酒兩壇情緣未了，即席打開瓶蓋一看，原來是兩壇清水，四座賓客大駭，均以為王茂生搞這惡作劇，戲弄平遼王，勢必遭殃。

豈料薛仁貴呵呵大笑，一連倒出三碗清澈的水，當眾得意地一飲而盡，再倒扣碗底，接著自豪地說道：「當在我貧寒之時幸得王兄之接濟。如今我顯達了，他再送來兩壇清水，這就是最珍貴的禮品。」當時博得滿場喝彩，掌聲不絕，在場賓客均敬佩薛仁貴的胸襟恢廓，氣度恢弘。

王茂生儘管家境並不殷實，但總不至於送不起兩壇醇酒，窮有窮的志氣。其實此中有深意，他在從旁提醒薛仁貴，富貴不要忘記君子之本色，體現出他們君子之交淡如水的深厚的友誼和感情，更體現出他對至交滿懷深情、深摯而親切的關懷。難能可貴的是薛仁貴的身份顯貴了，但高尚的情操與品質沒有變，仍然保持著清醒的頭腦，深刻地領會這位至交一番美好的心意，至今仍使人擊節稱頌，成為千古美談。

水能載舟，亦能覆舟，水亦能包容萬事萬物。它對世間萬事萬物，不分彼此，一視同仁，它無孔不入，無所不滋潤。有的人腰纏萬貫，有的赤貧如洗，它都一見鍾情，同樣看待，一視同仁。由於水不偏不袒，所以又叫一碗水端平。

人的思想往往隨著環境的變化而變化，一旦顯達，思想往往摻雜上酒肉與銅臭，失卻掉原來純潔的心地、純淨的靈魂和純美的心靈，此為小人，非君子。君子之交淡若淨水，這是永遠不會改變的，故君子之交亦淡若水。

司馬光為北宋大臣、史學家，為相時推舉劉元城到集賢院任職。宋時集賢院掌理秘書圖籍等事，設史館、昭文館、集賢院為三館。

司馬光問劉元城：「你知道我緣何推舉你嗎？」劉元城作答道：「可能是我曾在你的門下學習，見面的機會多吧。」司馬光道：「錯了。是因為我閒居在家時你經常來信問寒問暖。當我為相之後，你從未來過一封信，所以舉薦你啊！」

正是劉元城不趨炎附勢，不阿諛趨奉，所以被司馬光看中而慧眼識英才的結果。近朱者赤，近墨者黑，見朱者不趨炎附勢，近墨者趨之若鶩。

「天下熙熙，皆為利來；天下坱坱（攘攘），皆為利往。」（《史記‧貨殖傳》）此為小人之交，均離不開爾虞我詐，名利情仇。人以利交，利盡路絕；人以名重，名反喪人；人以情交，情變為仇。這些都是名韁利鎖，將人束縛住。只有君子之交重在道義，以德行世，以

誠為本，只予人，不謀之己，坦坦蕩蕩，曲終人不散，人走茶不涼。因為道義是永恆的，君子之交亦是永恆的。

十五　鐵面無私

皇帝叩不開的城門

　　漢高祖劉邦的九世孫劉秀，三十歲稱帝，成為一代明君。他具有恢廓大度的氣概，嚴於律己而待人寬容厚道。

　　東漢時期有明文規定：夜晚禁止開城門。一天，漢光武帝劉秀率領一批隨駕扈從到郊外狩獵，很晚才收兵回朝，當走到洛陽城的上東門前一看，城門早已關閉。劉秀便命扈從趨前叩門。掌管上東門的管門官郅惲回答道：「法律規定，夜晚禁止開門！」劉秀一聽，只好下車，親自來到城門下解釋道：「我是皇帝，快給我開門吧！」郅惲斬釘截鐵道：「夜色蒼茫，看不清楚，為謹慎起見，不能開門！」劉秀聽了，覺得郅惲所言，句句入情入理。不得已而求其次，無奈地離開上東門，繞道至東中門。東中門的管門官，一看是皇帝駕臨城門，二話沒說，三步並作兩步，趨前打開城門，十分恭敬地把漢光武帝迎入城門。

　　第二天，郅惲給漢光武帝呈文道：「您身為一國之君，不應帶頭違犯夜禁的法令。」

「夜禁」既夜間禁止通行。《周禮・秋官・司寤氏》：「掌夜時，以星分夜，以詔夜士夜禁。」《元史・刑法志》四《禁令》：「請夜禁，一更三點鐘聲絕，禁人行；五更三點鐘聲動，聽人行。違者笞二十七；有官者聽贖。其公務急速、疾病、死喪、產育之類不禁。」

夜禁既是如此嚴厲的嚴令，人人必須嚴守，才能嚴肅法令，才能嚴防事故發生。夜間打開城門的禁令更要人人遵守，對人對己必須嚴格要求。管他皇帝不皇帝！

郅惲是東漢南西平人，字君章。治《韓詩》、《嚴氏春秋》，明天文歷數。曾上書王莽，斥為「竊位」。收繫詔獄，會赦得出。光武帝時舉孝廉，為洛陽上東城門侯。帝嘗出獵夜還，惲拒關不納，次日上書諫。

劉秀讀了奏章，嚴於責己，對郅惲執法如山、秉公辦事的精神深為感動，非但沒有怪罪他，而且賞賜布百匹。東中門的管門官反而沒有受到絲毫的獎賞。這更讓人們稱奇。

郅惲後授太子劉疆《韓詩》，侍講殿中。及郭後廢，勸太子讓位，退居藩國。遷長沙太守，坐事（因事獲罪）免歸（罷免官職而歸家）。

虞延不徇情枉法

漢光武帝的皇后陰麗華，其弟陰就，封信陽侯。善結交，性剛傲，不得眾譽。明帝時為少府，位特進。永平二年以子豐殺妻酈邑公主，當連坐，乃自殺。

漢光武帝時，陰就有一個門客（門下之食客），名叫馬成，倚仗權勢，無惡不作，恣意妄為，成為奸盜，被洛陽縣令虞延收而拷之。陰氏屢請，獲一書輒加笞二百。陰就大發怒火，面帶怒色地向光武帝控告，說虞延違法失職，冤枉外戚馬成，使之蒙受不白之冤，存心與他過不去。光武帝為了此事，便駕臨虞延府館，巡察獄囚，察訪詳情。虞延乾脆把全部囚徒傾獄而出，並讓囚徒分站成兩列。凡案情複雜、尚待全部落實定案者，站在東邊；凡案情已經釐清定案者，站在西邊。馬成趁人不防，便想站到東邊去。說時遲，那時快，虞延一個箭步趨前，一把抓住馬成，嚴詞喝問：「你這條十三大蠢蟲，以為躲在土地廟裏，火就燒不著你了？告訴你，現在我要依法治你的罪！」

土地，神名。古稱土地之神為社神，後世稱為土地，是金、木、水、火、土，五德神之一。古代傳說中管理一個小地面的神。《公羊傳·莊公二十五年》：「鼓用牲於社。」何休注：「社者，土地之主也。」《李經緯》：「社者，土地之神。」土地闊不可盡祭，故封土為社，以報功也。《通俗編·神鬼》：「今凡神，俱呼土地。舊俗祭祀土地，以求年歲豐稔。道教亦尊為神。」

馬成此時趁機厲聲直呼：「冤枉好人，冤枉好人！」

光武帝目睹這一場景，深知虞延執法不阿，於是對馬成說：「你觸犯了國法，罪有應得！」說畢，就率領扈從回朝。幾天之後馬成伏誅。於是外戚斂手，莫敢為非作歹。

周黨隱逸不仕

漢光武帝劉秀對待前朝的逸士、逸民、隱士等均懷恢廓的胸襟，禮賢下士，降低自己的身份敬重和結交他們。

逸士，隱居之士。《文選》晉潘安仁（嶽）《西徵賦》：「悟山潛之逸士，卓長往而不反。」

逸民，指避世隱居的人。亦作「佚民」。《論語‧微子》：「逸民：伯夷、叔齊、虞仲、夷逸、朱張、柳下惠、少連。」又《堯曰》：「興滅國，繼絕世，舉逸民，天下之民歸心焉。」

伯夷、叔齊是商孤竹君的兩個兒子。孤竹是古國名，亦作觚竹。相傳為姜姓，其君墨胎氏，在今河北盧龍東南，存在於商、西周、春秋時。伯夷、叔齊即商末孤竹君的兩子，相傳其父遺命要立次子叔齊為繼承人。孤竹君死後，叔齊讓位給伯夷，伯夷不受，叔齊也不願登位，先後逃到周國。周武王伐紂，兩人曾叩馬諫阻。武王滅商後，他們就拒食周粟，逃到首陽山，采薇而食，後餓死在山上。《孟子‧萬章》（下）、《史記‧伯夷傳》均記有此事。封建社會裏把他們當做高尚守節的典型，唐韓愈《昌黎集》十二《伯夷頌》是這方面的代表作。

虞仲又名仲雍。周太王的次子。相傳太王欲立少子季歷，以便再傳給歷子昌（文王），仲雍和太伯一同避往楚、越間，自號句吳。

夷逸，春秋時人，周大夫夷詭諸之後，隱居不仕。或勸其仕，夷逸以牛為譬曰寧服軛以耕於野，不忍被誘入廟而為犧。

軛，牛馬等拉東西時架在脖子上的器具。

朱張，西周人，字子弓。古之隱者，不仕。

柳下惠，春秋時魯國大夫。展氏，名獲，字禽，食邑在柳下，諡惠。任士師（掌刑獄的官）。魯僖公二十六年（前 634 年），齊攻魯，他派人到齊勸說退兵。以善於講究貴族禮節「坐懷不亂」著稱。

不馴，不順服者。

戰國秦莊襄王四年置太原郡，治所在今山西太原市西南，西漢文帝改為國，不久復為郡。此地有不少春秋晉國公侯的家族後裔，有些亡國之民及改朝換代後不仕新朝者均有懷舊思想，懷念他們已經失去的樂園和天堂，對新朝的統治者往往帶有一種仇視的目光與對抗牴觸的情緒。或者等待時機興風作浪，報復仇恨；或者退隱山林，不願為新朝效命，不在王侯跟前屈服，俯首稱臣。所以，在漢初，太原仍是「難化」之域。

劉秀登位時，太原郡廣武縣（西漢置，治所在今山西代縣西南之古城）有個名叫周黨、字伯況的名人，王莽竊位，託疾杜門。光武建武中徵為議郎，以病去職。及光武引見時，無奈地穿上短布單衣，用樹皮裹著腦袋前往見朝廷大員。按禮節，封建時代的讀書人被尊貴者，尤其是至尊召見，務必通報姓甚名誰，不然便是對尊者的輕蔑。周黨見了劉秀，恃才傲物，不通報姓名，自陳願守所志，不願做官。

勉強無用，劉秀便應允了他。當時被徵為拜議郎，遷博士的范升，被帝數召參議朝政大事。他上書，言及周黨在至尊面前傲岸不群，傲氣十足，反有百君子慕其清高，嘉其文采，應治「大不敬」之罪，以儆效尤。

大不敬，為不敬皇帝的罪名。《史記·申屠嘉傳》：「（鄧）通小臣，戲殿上，大不敬，當斬。」也稱「不敬」。又《魏其武安侯傳》：「劾灌夫罵坐不敬，係居室。」北齊、隋兩朝刑律定不敬為重罪十條之一。唐以大不敬為十惡之一。歷代封建王朝因之。

劉秀卻將范升的呈文讓公卿們相互傳閱，互相傳告。同時下詔云：「自古明王聖主都有不願為他做臣的人，伯夷、叔齊就不食周粟。太原那個周黨，不接受我的俸祿，這也是各自的志願，賜給他四十匹綢子吧。」

周黨遂隱居澠池，著書而終。

澠池，古城名。一作黽池。因南有黽池得名。在今河南澠池西。

嚴光「舊情可敍，當官莫提」

　　嚴光是劉秀舊日的同窗好友。東漢會稽餘姚人，字子陵，一名遵，少有高名。及秀即帝位，他並沒有去走後門，拉關係，以求一官半職，而是隱姓埋名不願相見。劉秀派人四處查詢他的足跡，一無所獲。後令人畫他的像張貼於天下。據人提供線索，才發現其行蹤，是在齊國一個湖邊釣魚取樂，經一而再、再而三始能請到。劉秀喜出望外，當天就親自去看望他。他卻旁若無人，躺在榻上，不起身相迎，也不說話。劉秀就與他一起躺在榻上抵足而眠，撫摸著他的肚皮道：「哎，哎，子陵，你就不能幫幫我的忙？」他仍然裝聾作啞，若視而不見，聽而不聞。過了好久，才勉強睜開眼睛看著劉秀，慢吞吞地道：「人各有志，何必勉強我呢？」接著又閉上雙眼。劉秀大失所望，只好怏怏不樂地離開，並歎息再三地說：「子陵，決心不肯為我當臣下嗎？」過了不久，劉秀仍不死心，又來拜訪他，只談舊日交往之情，避開要他做官的話題，抵足相談了好長時間，並從容地問他：「我比以前怎麼樣？」他答道：「陛下比以前有些長進。」劉秀仍與他同榻共枕，抵足而眠。他將自己又肥又大的「象腿」壓在劉秀的肚皮上。劉秀又堅持不懈地要他出山做諫議大夫（掌論議，屬光祿勳）。仍未答應出山，答道：「士故有志，何至相逼乎！」除諫議大夫，不就，歸，耕於富春山（今浙江桐廬縣西南）。此即舊情可敍，當官莫提。

第五編

讀書

創作與閱讀

不親臨其境也能產生名山之作
──談《岳陽樓記》

　　中國古代有四大名樓：滕王閣、黃鶴樓、鸛雀樓與岳陽樓。名樓並非只是品質上乘，抑或是自然景觀獨特而對旅客產生魅力，而且樓因文名，讓遠近的遊客懷著景慕的心情，到此一遊，目睹其景，親臨其地，登高遠眺，藉以滿足生平的快慰。江西章江門上的滕王閣，見效於王勃省父而過南昌參加洪州牧閻伯嶼宴僚屬筵席而作的《滕王閣序》；建於湖北武漢市蛇山的黃鶴樓，得益於崔顥的《黃鶴樓》一首詩。詩人登樓，深感鶴去樓空，借今昔變化之大，抒發了「黃鶴一去不復返，白雲千載空悠悠」的寂寞、惆悵之感。建在湖南嶽陽縣城西門上的岳陽樓，得力於范仲淹撰《岳陽樓記》。以上三樓並稱為「江南三大名樓」。令人稱奇擊節歎賞的是，寫前二樓的名篇，均為作者登樓臨遠，觸景生情，落筆成文之作。唯獨《岳陽樓記》的問世，則完全歸功於范仲淹在知覺材料的基礎上，經過新的配合而創造出新形象新篇章的結果。這就是他具有騰飛的想像力。想像力並不是想當然或想入非非、脫離實際的胡思亂想。因為范仲淹終其一生都沒有登過

岳陽樓，沒有親歷其地，同樣寫出了一篇擲地有聲、膾炙人口的名山之作。

滕宗諒，字子京，宋河南府人。宋真宗大中祥符八年（1015 年）進士。以泰州軍事推官召試學士院，遷殿中丞。嘗請劉太后還政。仁宗親政後除左正言，遷左司諫，以言宮禁事出知信州。西夏攻宋，調知涇州，為范仲淹薦，擢天章閣待制，徙慶州。施以在涇州時用公使錢逾制被彈劾，降官數遷至蘇州，卒。

滕子京與范仲淹同舉進士。仁宗朝，范仲淹因忤宰相呂夷簡，罷吏部員外郎、權知開封府，貶知饒州。子京自請一同貶謫，出守巴陵郡（故治今湖南嶽陽縣）。

滕子京並非因被貶而消沉委靡，而是愈挫愈堅，振作精神，勵志圖強，帶領群眾，群威群膽，群策群力。經過一年的努力，奇跡便出現了，政通人和，百廢俱興，又重修岳陽樓。他有遠大的眼光，深具「樓觀非有文字稱記者不為久，文字非出於雄才巨卿者不成著」這一遠見卓識，因此極力邀請千里之外的范仲淹為重新修建的岳陽樓作記來紀念這件事。

慶曆六年（1046）九月十五日，范仲淹在河南鄧州的百花書院，收展滕宗諒的來信與隨信寄來的《洞庭晚秋圖》一幅。他心潮澎湃，浮想聯翩，便舒展了想像的翅膀，揮毫潑墨，而一氣呵成這篇千古名文。他首先想像景致，「予觀夫巴陵勝狀（美好的景色），在洞庭一湖。（口）銜遠山，吞（吐）長江，浩浩湯湯（大水急流），橫無際涯（無邊無際）。朝輝夕陰（清晨的陽光，黃昏的夕陽），氣象萬千

（千變萬化）。」這些就是岳陽樓的壯麗景致。

接下來，再分別寫陰天和晴天。

陰天是「若夫霪雨霏霏（當那連綿細雨紛紛下落），連月不開（一連數月也不放晴），陰風怒號（陰慘慘的狂風怒號著），濁浪排空（渾濁的浪濤翻騰到半天空），日星隱曜（日月星辰失去了它的光輝），山嶽潛形（高大的山也隱沒了它的形體）。」

晴天是「春和景明（春風和煦，景色明媚），波瀾不驚（湖面波平浪靜），上下天光（天光與水色交相輝映），一波萬頃（碧綠的湖水一望無際）；沙鷗翔集（沙灘上的白鷗，有的展翅飛翔，有的棲止聚集），錦鱗游泳（五光十色的魚兒游來游去）；岸芷汀蘭（岸邊的芷草和沙洲上的蘭花），鬱鬱青青（香氣鬱鬱，顏色青青）。」

作者在此展開了飛騰的想像，極目遠眺無邊的際涯，之所以用「若夫」，這是一種表示假設語氣的連詞，均為作者的假想。如果不用這個「若夫」假設，就會使讀者誤會作者是寫實而不是假設。寫晴天的「至若（至於）」是用在另提一件事，都是出於作者的假想。

同樣，「予觀夫巴陵勝狀，在（於）洞庭一湖」，「在」是「在於」，是介詞結構，這指出事物的本質特徵之所在，一般用在比較抽象的事物方面。又如「覽物之情，得無異乎？」「得無」即「只怕」，表示不主觀武斷，是一種「估計」或「猜測的語氣」，因為作者是揣度「遷客騷人」的心理狀態與情緒，他不能肯定地說「皆無異也」，只能說「恐怕」或「只怕」不可能吧，這樣比較客觀，讀者易於認同

與接受。

作者在文中最後抒情，「登斯樓也，則有去國懷鄉，憂讒畏譏，滿目蕭然，感極而悲者矣！」文章並不僅僅停留在洞庭湖的勝狀描述上，而是筆鋒一轉，從寫景敘事昇華到抒發情懷上，而不是無病呻吟，無的放矢。

去國，是離開京城；懷鄉，是懷念家鄉。

憂讒畏譏，是擔心遭到他人的誹謗和譏刺的心情；滿目蕭然，即滿目都是蕭瑟的景象；感極而悲者矣，心情極度感傷而十分悲痛。這是寫陰天時的夾敘夾議。

寫晴天景致時，作者的思想再進一層昇華，為了加重語氣與迸發感情，又強調「登斯樓也」，則有「心曠神怡，寵辱皆忘，把酒臨風，其喜氣洋洋者矣」。其思想不僅僅是停留在感傷與消沉上，而是感到胸懷開闊，精神愉快，乃至一切榮辱得失都被置之度外。臨風飲酒，真有無窮無限的喜悅。

文章最後將思想昇華到頂點，體現出其遠見卓識思想的光輝：「不以物喜，不以己悲。居廟堂之高，則憂其民；處江湖之遠，則憂其君。是進亦憂，退亦憂。」

物，指外在的大環境；己，指自己的遭遇。

廟堂，即宗廟和明堂，古代帝王祭祀的地方，此借指朝廷。

作者最後以「嗟夫（唉）」引出他曾經探索過古代仁人的心情，

他們或許有不同於前面兩種情況的。「何哉」一句設問，提起下文。這是因為他們不因環境的順心而欣喜，也不因個人的失意而悲傷。在朝廷做官就為升斗小民而憂慮，退隱到民間或在外地作小官，又為君主而憂慮。這就是進朝做官也擔憂，退處江湖也擔憂。

文章為將主題思想再推進一層，因此再設問：「然則何時而樂耶？」而引出一個高尚的思想境界：「先天下之憂而憂，後天下之樂而樂歟（憂在天下人之先，樂在天下人之後吧）！」

這是全文畫龍點睛，筆下生花之句。

接著，作者敞開心扉地剖白心跡：「噫，微斯人，吾誰與歸！（唉，除了這種人，我還能與誰同道呢）！」

作者具有飛騰的想像力，故能放飛其想像，讓想像力自由地馳騁。根據語言的描述與《洞庭晚秋圖》的示意，再創造出相應新的形象。故其想像力出眾超群，「出乎其類，拔乎其萃」。

本來修建岳陽樓是一件極其普通的事情，不見得有什麼驚人的創舉。岳陽樓始建於唐，為張說所建，後屢修屢毀，毀毀修修，有籍可考的就有 30 多次。宋騰子京重修落成之時，邀范仲淹寫篇文章，以作紀念，此後才聲名鵲起，可見《岳陽樓記》為一鳴驚人、再鳴衝天之作。

其實，在范仲淹之前，早有許多文人墨客到此一遊，且留下筆墨，李白、杜甫、韓愈、白居易均寫有岳陽樓詩。李白《與夏十二登岳陽樓》：「樓觀岳陽盡，川迴洞庭開。雁引愁心去，山銜好月來。」

詩人登上岳陽樓，觀看岳陽山之南，山林城市一覽無餘。江水浩渺，流向一望無際的洞庭。大雁飛向遠方，好似把憂愁之心帶走了。月亮從山頂上爬起來，又彷彿是從山口銜吐出來的一樣。詩寫得不謂不壯觀又別致。杜甫的「昔聞洞庭水，今上岳陽樓」，文美詞精，但均被范仲淹「先天下之憂而憂，後天下之樂而樂」一句比下去了。這在於范仲淹具有飛騰的想像力，還具有超群出眾的思想境界。單憑依一幅《洞庭晚秋圖》就引出他心有靈犀一點通，寫出岳陽樓的青山綠水大好風光及地勢地貌，而且動中有靜，靜中有動，動靜相宜，描寫得深刻入微，極其逼真。真是繪形繪影，令閱者拍案叫絕。

也因其具備飛騰的想像力，所以能心騖八極，神馳四海。

騖，是奔馳；八極，是八方極遠的地方。

神馳，心思飛向（某種界境）；四海，天下。

此外，作者胸懷坦蕩，氣量大度，胸襟開闊，放眼天下，心繫黎元，吞吐日月，才能一瀉無餘地傾吐胸臆。所有這些稟賦都是范仲淹過人之處，所以才能筆下生花，令人稱奇而叫絕。

范仲淹是一位思想開放、政績斐然的政治家，有人稱他是「本朝人物第一」。其詩詞文章均出色，風格豪放，語言凝練。《岳陽樓記》中的「先天下之憂而憂，後天下之樂而樂」，千古傳誦，為政者多引以自勉。他的為人質樸與忠厚，決定了他的文風質樸。他為宋代詩文革新運動開拓了先路。但後人多極力推崇其文韜武略。元好問曾讚譽他：「在布衣為名士，在州縣為能吏，在邊境為名將，其才其量其

忠，一身而備數器。在朝廷，則孔子所謂大臣者，求之千百年間，蓋不一二見。」（《范文正文集》第十冊《讚頌論疏》）朱吉普盛譽為「天地間第一流人物」。王國維曰：詞有境界自成高格。同樣，文有境界其勢必宏。只有高超的思想境界，才能產生出神入化的篇章。由上觀之，具備騰飛的想像力和超群的思想境界和胸懷，殊為范仲淹從未登過岳陽樓也能寫出《岳陽樓記》的原因。

全球華人面臨閱讀危機

　　最近在澳大利亞悉尼的唐人街有「中國書店」等三家書店先後關門停業，加拿大的多倫多亦有幾家「三聯書店」相繼倒閉，還有一些華文書店相繼停業，一些書店的新書以斤論價地出售。沒有關門的一些書店也處於風中燭的狀態。再看看國內的「光合作用」等書店的停業，也說明中國人正在經歷著一場閱讀危機的洗禮。

　　一些歷史長久且大型書店的倒閉，當然應該歸咎於其經營不得法，但究其社會層面而言，不少書店門可羅雀、無人問津的現象仍很普遍。在海外，免費報刊均置於華人集市中心區，可自由索取，但也乏人問津。

　　再看看海外華文報刊，其發行量也不大，跨洲跨國的大型平面媒體《星島日報（澳洲版）》的日發行量也只有兩萬多份。其它報刊的數量也有限，共度維艱的時日較多。

　　有好事者曾統計，說猶太人年均閱讀量最多，為 60 多本。美國人每年閱讀 40 多本，屈居其次。俄羅斯每人每年閱讀 28 本，屈居第三。英、德、法等國每年每人閱讀充其量也只是 20 本。中國人只有四五本而已，有的人可能連這個數字都難於達到。究其原因，則有多種，有的人說網上每天都有重要新聞，所以沒有看報的必要；有的說他們都閱讀專業書，如理財、房地產、經商、考駕照等方面的書籍較

多，其它書則沒時間精力閱讀。

再說猶太人，猶太人也叫以色列人。公元 1 至 2 世紀羅馬帝國統治期間，絕大部分被趕出住地。散入歐洲的受到迫害屠殺，或與當地民族結合。12 世紀初葉，猶太人多遷移到印度孟買，少數移居中國開封等地，俗稱「藍帽回回」，明代以後逐漸與當地居民融合。近代散居在世界各地的猶太人，多數已用所在地語言，並取得定居國國籍，但仍保持猶太教習俗。中世紀在歐美的多數猶太人從事放貸與小商業。19 世紀後，部分人因從事金融業和實業而致富。第二次世界大戰時，被德國法西斯殺害的猶太人達 600 多萬。全世界的猶太人約有 1282 萬人（1995 年）。馬克思實際上是猶太人，他的父母是猶太人，他出生在德國。

在美國流傳著一個笑話，說的是全世界的錢都向美國人的口袋滾滾流來，但美國人的口袋裝在猶太人的腦袋裏。猶太人在金融、商業、科技方面，尤其是在全球已經形成一個強大的商業帝國，掌握著不少國家、城鎮、社區的經濟命脈。所以他們能夠人坐在家裏而使錢從天上來，成為賺錢高手，不少人銀滿箱金滿箱。

猶太人是最善於閱讀的一個民族，他們居於各行業的制高點而叱咤風雲，呼風喚雨。又有傳說猶太人對書的崇拜近乎宗教，每當嬰兒呱呱落地及嗷嗷待哺期間，都必須在《聖經》的封面上以嘴舔一下，這樣孩子就嘗到了書的甜味，深知讀書是一件莫大的樂趣而不是煩惱和苦役。人們常說「愛哭愛鬧的嬰兒有糖吃」，但猶太人的嬰兒往往不是這樣。猶太人經常將書本、秤、糖放在一起測試嬰兒的選擇，多

數嬰兒首先選擇書本（讀書），其次選擇秤，即做生意經商，搞房地產、金融業等，很少有去抓糖果的。所以，猶太人從事科研等前沿和尖端科學的人也多，有建樹的亦為數眾多。

經商的目的是為了賺錢，而且期望賺大錢，這是無可厚非的。但要生財有道，用財亦要有道。

古有「無奸不商」之語，這就提出一個「商德」問題。

為人師表要有師德，治病救人要有醫德，不管從事任何行業，首先要突出職業道德之「德」字。即使為政者，也要以德治國，這是天地之正道。順之者昌，逆之者亡。只有以德治國，才能使近悅遠來。

經商的每一個銅板都應來得乾乾淨淨，清清楚楚。囤積居奇，投機取巧，爾虞我詐均為不義之財，猶太人從商重商德，守合同，講信用，一言九鼎，一諾千金，信得過。

綜觀古今中外的歷史，國家與國家的競爭，主要是民族道德素質的競爭。道德滑坡乃至淪喪的民族是可悲而危險的無望的民族。而要提高道德素質，閱讀是重要的源泉，是正途，能提高民族綜合競爭力。只有提升民族綜合素質與整體實力，民族才由「貧因書而富，富因書而貴」，精神才不空虛，才由貧瘠、荒蕪進入富足與富饒，民族才能真正的崛起。

綜觀西方的民族，他們多數人都分秒必爭地閱讀，排長隊購物，辦事，抑或等、乘火車，多手不釋卷，珍惜分秒閱讀。再綜觀華人，多為高聲閒聊，或者閉目養神。這不是無書可讀的危機，而是有書不

讀的危機。

　　海外華人的閱讀必受到諸多因素的制約，移民時間長的一般都讀英文書，看英文報，只有移民時間短或不通英文的人才閱讀中文讀物。從中國內地來的人喜歡看簡體漢字書報，而且不讀豎行排版的刊物。從臺灣、香港、澳門等地區及越南、緬甸、馬來西亞等國遷移來的華人，多閱讀繁體漢字及豎行排版的刊物，他們不習慣閱讀橫排及簡體字排版的刊物。

　　在國外的華人子女，因為土生土長在國外，接受的是外國人的教育，學的聽的想的說的寫的都是英文，相反，他們學中文就像是學外語。海外的中文學校一般一周只有周六上課，學生周一至周五都在西方學校上課，而且有不少學生不想學中文，認為是一種負擔，殊不知中文是他們的根，是他們的優勢。

　　我們沒有絲毫理由對華人及其子女的閱讀評頭論足，指指點點，我們希望的是有更多的華人更多地培養閱讀的習慣興趣，要更多地投入閱讀預算的開支，這是提升道德素質發揮優勢的終南捷徑。

　　德國哲學家、唯意志論者叔本華曾經在 2000 多年前感悟道：沒有什麼比閱讀經典作品更讓人神清氣爽與神采飛揚的了，如同早飲山澗清冽的泉水似的，讓人心情舒暢、神乎其神，充滿靈感，產生神來之筆。

　　有讀書樂詩一首，錄如下：

　　讀得書多勝大坵，不需耕種自然收。

東家有酒東家醉，到處逢人到處流。
日裏不優人去借，晚間何怕賊來偷。
蟲蝗水旱無傷損，快活風流到白頭。

附錄：讀書工程無邊風月

　　古代的讀書人普遍受到人們的尊重，收藏家亦備受尊敬，認為值得為他們樹碑立傳。師範院校的學生均被社會器重，師範師範，學問高深為師，道德高尚為範。他們多成「為人師表」，當教師的被尊崇為「一日為師，終身為父」。

　　今天的華人重視讀書的也比比皆是，重視積纍知識，重視購書的人亦為數眾多。一些單位的領導亦重視抓「讀書工程」的建設，他們不但重視知識，重視讀書，也關心本單位職工的文化學習，他們不惜重金，成批成批地購買新書以供單位職工學習和提高自身素質。筆者曾經出版過幾本拙作，從其訂購一覽表即可見到各行各業都有重視抓「讀書工程」的領導人。從他們的身上可看到我們民族的希望，這是「無邊風月」（具體見各書訂購概況表）。

《中華文化奇觀》第一版訂購概況一覽表

單位	職務	姓名	數量（本）	單位	職務	姓名	數量
農墾國有紅華農場	場長	曾德俊	200	儋州郵政局	局長	李德成	50
儋州市勝利派出所	所長	黃振海	20	農墾工會	主席	林明芳	30
人民銀行儋州分行	行長	符祥熊	30	中國銀行	股長	王小妹	30

單位	職務	訂購人	數量	單位	職務	訂購人	數量
儋州大城中學	校長	吳學文	30	工商銀行儋州支行	行長	陳明	30
儋州長坡中學	校長	鄭儒文	120	農墾八一中學	副校長	顏盛	30
那大三中	校長	吳壯祐	100	農墾八一糖廠	主任	李耀明	30
農墾八一小學	校長	王大堃	30	那大二中	校長	李盛華	200
農業發展銀行儋州支行	行長	黃康銳	30	螺旋藻醫藥公司	經理	林仁	40
儋州新英中學	校長	萬振全	30	儋州保健所	所長	謝定坤	30
國有八一農場總場	科長	陳劍如	100	儋州國稅局	局長	吳瓊開	60
國有大嶺農場中學	校長	許能	30	那大三小	校長	陳秀瓊	30
那大四中	校長	符日喜	30	儋州市醫院	院長	李雪娟	100
海南省老幹局	處長	周龍蛟	30	儋州教育局	局長	李盛於	80
儋州體育委員會	主任	韋長其	100				

注：訂購數量不含出版社和書店的發行量，下同。

《歷代文化舉要》第一版訂購概況一覽表

單位	職務	訂購人	數量（本）	單位	職務	訂購人	數量
海南省委黨校	處長	張黨華	130	四川機械工程公司	經理	張開路	30
瓊海市教育局	主任	李孔則	360	那大四中	校長	符日喜	40
瓊海市師範學校	校長	高榮泰	120	海南師範附小	校長	王勇	30
農墾局芙蓉田中學	校長	陳傳雄	200	華南熱帶作物大學	教授	陳益達	100
儋州白馬井小學	校長	麥興助	30	儋州白馬井口小學	校長	麥興詩	30
儋州新州中學	校長	謝政	110	儋州民歌歌舞團	團長	劉慶	30
南海漁業公司子弟學校	校長	鄭玉花	30	儋州國稅局	局長	吳瓊開	90

那大三中	校長	鄭盛煥	100	儋州婦幼保健所	所長	謝定坤	30
農墾大嶺農場中學	校長	吳春常	70	瓊山市瓊山中學	教師	王忠漢	80
儋州民族中學	校長	郭建華	100	海口市十四中學	教師	李文淵	30
那大二中	校長	李盛華	200	儋州保險公司	經理	吳土金	30
儋州財政局	局長	羅華興	60	海南農墾醫院	主任	張振南	200
海南中學	校長	黎當賢	120	儋州新英學區	主任	林儒漢	200
農業銀行儋州行	分股長	羅華達	300	海南木排熱作農場	場長	劉忠隆	120
瓊海市教師進修學校	校長	王光謝	115	南海漁業公司技工學校	校長	林如欽	40
儋州長坡中學	校長	鄭儒文	130	儋州新英中學	校長	鄭伯歐	40
那大三小	校長	陳秀瓊	60	海南洋浦港社會保障局	局長	黎貴儒	30
瓊海市嘉積中學	教師	楊明慶 林開敏	100	海南國有農墾紅華農場	場長	曾德俊	200
廣東湛江師範學院	教授	劉谷城	60	儋州人民醫院	院長	李雪娟	100
儋州技術監督局	局長	黎應健	30	儋州體育委員會	主任	韋長其	100

《天下神奇文化》訂購概況一覽表

單位	職務	姓名	數量（本）	單位	職務	姓名	數量
儋州市人民醫院	院長	李雪娟	100	那大三中	校長	吳壯祐	40
海南民主同盟	主委	柯向漁	40	那大二中	校長	李盛華	200
儋州新英中學	校長	萬振全	30	儋州長坡中學	校長	鄭儒文	120
儋州科技園	主任	佴喬	30	儋州人民銀行	行長	符祥熊	40
海南師範學院附屬小學	校長	王勇	30	儋州農業發展分行	行長	黃康銳	30
儋州海頭中學	校長	林維仁	20	西聯農場中學	校長	賴坤海	30
農墾八一糖廠中學	校長	顏盛	20	東坡書院	院長	林開鴻	60

農墾紅華農場	場長	曾德俊	220	八一糖廠小學	校長	王大堃	20
中國銀行	股長	王小妹	30	芙蓉田中學	校長	陳傳雄	30
藍洋中學	校長	陳建科	30	儋州郵政局	局長	李德成	60
西聯農場	董事長	簡陳洪	120	農墾八一總場	宣傳部長	吳多平	60
儋州教育局	局長	李盛華	100	海頭糖廠	經理	吳兆強	30
儋州體委	主任	韋長其	100	儋州宣傳部	部長	張榮	20
那大三中	校長	黎發安	70	那大二中	校長	何佳庠 姚輝	150
海南教育廳	處長	郭繼武	120	松濤水庫	主任	王恩學	30
儋州民族中學	校長	薛雁華 葉健雄	100	儋州物業管理局	局長	潘汀濟	30
儋州宣傳部	—	餘良師	30	四川遂寧國際學校	—	姚輝	20

　　之所以列出此項讀書工程，其目的並非為出版社和筆者擴大發行量，增加收入。更重要的是期望引起一些單位領導的重視，能從年均收入中安排一項閱讀開支預算，帶動更多的職工讀書。要從國內外一些華文書店相繼倒閉的悲涼中清醒過來，亦從中華文化傳承的敗筆中警惕將要釀成的悲劇。悲哀並不可怕，可怕的是知道了悲哀而置若罔聞，無動於衷，這才是民族真正的悲哀和不幸。

考試制度古今略覽

隋文帝廢九品中正制，改成諸州歲貢三人。至煬帝乃置進士等科。唐代科目多至五十餘，故曰科舉。其後宋用帖括，明清用八股試士，亦沿科舉之稱。自科舉行而薦舉漸廢，至光緒三十一年（1905年）明令廢科舉，科舉制度才「壽終正寢」。

科舉必先進行科考（科試），科試必先設科場，科場裏往往出現科場案。

清政府嚴辦科舉考試舞弊的案件，以順治十四年（1657年）丁酉鄉試的順天、江南兩案最為著名。前一案殺考官李振鄴、張我樸；後一案斬主考方猷、錢開宗。凡牽涉的考官、舉人等多被處死或流放，家產籍沒。咸豐八年（1858年）戊午科順天鄉試案亦為科場之一大案，餘則數見不鮮。

清代如果在考場上發現槍手，對槍手雇主的處罰亦非常嚴格，一般先戴上枷鎖在考場門外示眾3個月，然後發配邊疆。

新中國成立自 1952 年起建立高考制度，是世界上最早採用全國統一考試成績來錄取高校新生的國家，也是世界高考招生考試史上的一大創舉，「文化大革命」時期曾中斷 10 年，至 1977 年，全國高考制度才恢復。但仍是分省命題，當年走進考場的就有 570 萬考生。

歷年高考時對違規的工作人員和考生的違規處罰，儘管甚嚴，但違規事件屢禁不止。2012 年我國又公佈了新修訂的《國家教育考試違規處理辦法》，加大了對考試作弊行為的懲處力度，針對作弊情節特別嚴重者，除取消高考成績外，最高可被暫停 3 年參加各種國家教育考試的資格。

新辦法細化了考試違規行為的劃定，並加大了處罰力度，例如：考生攜帶具有發送或者接收信息功能的設備進入考場，即使尚未使用，都將被視為作弊行為；脅迫他人為自己抄襲提供方便，或在答卷上填寫與本人身份不符的姓名、考號等信息，以及「非法獲得加分資格」，均被「推定為考作弊行為的認定」，等等。

新辦法也加強了有關程序的設計，保證了考生有陳述、申辯和獲得救濟的權利。此外，在各地考點有更為嚴密的措施和更為嚴格的規定，例如：安裝攝像頭進行 360 度全方位的監控，手機、手錶嚴禁帶入考場，水杯、筆袋必須透明，只准帶準考證和身份證「裸考」，等等。

華東一個中學考點就安裝有全方位視角攝像探頭、金屬探測棒和無線耳機探測器，在監控室內操作電腦就可監控所有考室的即時情況，代替了過去三步一崗、五步一哨，荷槍實彈、如臨大敵的士兵。

鑒於歷年高考試卷沒有嚴格界定答卷的缺陷，往往給個別考生鑽了空子。自 2012 年起，高考嚴格禁用繁體字、火星文、網路語言、甲骨文作答題。

　　繁體字、火星文、網路語言、甲骨文等，這些非現行規範漢語言文字每有出現在答卷中的事件，讓個別考生嘗到了甜頭，佔了大便宜。2009 年，四川考生黃蛉用甲骨文寫作而一鳴驚人。他的高考成績平平，卻被四川大學錦城學院破格錄取。憑藉甲骨文，在兩年之內他已獲得兩級跳（從三本到一本），在四川大學接受了一對一教學。2010 年，江蘇考生王雲飛用文言文與冷僻古字寫的作文，借機會展示了他深厚紮實的語文功底，最終獲得了東南大學的破格錄取。

　　對於考試卷上出現的這些特殊現象，閱卷者深感棘手，難於處理。大家爭論不休，眾說紛紜，公說公道理，婆說婆文章，清官亦難於判斷。

　　針對個別考生別出心裁又別有用心的答卷，以獲得閱卷教師的稱奇和歡心而拿得高分的手法，曾引出過極富爭議性的話題。為了杜絕類似情況的發生，2012 年，教育部公佈了《2012 年高等學校招生全國統一考試考務工作規定》，規定「高考時，除外語科外，筆試一律用漢文字答卷」。看來，考生再企圖以另立門戶，另搞一套取得高分的答卷，將被「徹底封殺」。

　　上有政策，下有對策，古今中外，歷來如此。即使在美國的大學裏，考試作弊如果被逮著，會受到退學處分。在澳洲的大學，即使學生平時抄襲資料當作業，也將被責令檢討之後學期考試要考滿分，方

能畢業。

作弊器具

■ 作弊袖珍書

江蘇泰州市民陳先生，將珍藏多年的兩冊袖珍古書《禮經》、《四書》於某年 6 月公之於世。《禮經》尺寸為 4.5 公分×5.5 公分。《四書》為 5 公分×8.5 公分。《禮經》比南京出現過的微型古書小一半，比兩個硬幣稍高。

《儀禮》，春秋、戰國時代一部禮制的彙編。古只稱《禮》，對記言則稱《禮經》，合記言則稱《禮記》。《禮》又名《士禮》，儒家經典之一，共十七篇。一說是周公製作，一說是孔子訂定。近人根據書中的喪葬制度，結合考古出土器物進行研究，認為成書當在戰國初期至中期。1959 年在甘肅武威發現《禮》漢卷多篇，可供校訂今本《儀禮》參考。有東漢鄭玄《儀禮注》、唐代賈公彥《儀禮義疏》、清代胡培翠《儀禮正議》等。

四書五經：《四書》、《論語》、《大學》、《中庸》、《孟子》。南宋理學家朱熹注《論語》，又從《禮記》中摘出《中庸》、《大學》分章斷句，加以注釋，配以《孟子》，題稱《四書章句集注》，作為學習的入門書。元皇慶二年（1313 年）定考試課目，必須在四書內出題，發揮題意規定以朱熹的《四書章句集注》為根據，一直到明、清

相沿不改。

陳先生收藏的《禮經》、《四書》的扉頁，即書刊封面之內印著書名、著者、出版者等內容之頁上，印有「光緒帝辛卯仲春精校重訂」字樣。

光緒辛卯年為 1891 年；仲，居中的；仲春，即夏曆二月為春季之中。

由上可見這兩本袖珍書已出版了將近 120 年。這兩本書的內面頁印有「舟車便覽，勿帶入場」等字，實際上是給考生提供作弊時所用。有的考生把它們藏在鞋後跟內，有的乾脆紮在頭髮裏帶入考場。

二 作弊坎肩

西安半坡博物館和上海嘉定博物館曾聯手舉辦「中國科舉文化展」，展示科考試題 100 多卷，還展示有夾帶等實物。其中有一件夾帶是清代一位考生精心抄寫的坎肩。這件坎肩是用麻布製成的，高 50 公分，長 55 公分。

坎肩，背心，古稱半臂。《清稗類抄（鈔）·服飾》：「半臂，漢時名繡」，即今之坎肩也，又名背心。

抄寫在這件坎肩上的字極細小，上面抄有 62 篇八股文，共 40000 多字。所用之筆是用老鼠的鬍鬚製成的鼠須筆。

鼠須筆，又稱鼠毫，用老鼠鬍鬚製成的毛筆。唐何延之《蘭亭

記》：「（王羲之）揮毫製序，興樂而書，用蠶繭紙，鼠須筆，遒媚勁健，絕代更無。」

唐朝科舉取士（選拔人才）除了看考試成績以外，還要有著名人士的推薦，北宋初年沿襲成規。但為了杜絕徇私犯法，之後又增補了一入闈（入考場）的鎖院制度。

鎖院，為保守機密而鎖閉院門，斷絕來往交通。《宋史‧職官志》：「凡拜宰相及事重者，晚漏上，天子御內東門小殿，宣召面諭，給筆箚書所得旨。稟奏歸院，內侍鎖院門，禁止出入。」又試士亦行鎖院。宋吳自牧《夢粱錄》三《士人赴殿試唱名》：「諸路過都舉人，排日赴都堂簾引訖，伺候擇日殿試。前三日宣押知制誥詳評定考試等官，赴學士院鎖院。」即考試期間考生一旦進入考場，就斷絕與外界關係。

此外，又規定了彌封與謄錄（謄錄）制度。

彌封：科舉時代，為防止舞弊，考生試卷寫姓名處，由彌封官反轉折疊、用紙訂固，糊名彌封，上蓋關防。至試官閱文取中，填寫榜文時，始拆封檢視姓名。唐武后時，吏部選人多不實，令考生

自糊姓名。至宋景德、祥符年間，彌封之法有定制，到清末廢科舉前，一直沿用。

謄錄，自宋真宗大中祥符八年（1015 年）置謄錄院，先是鄉、會試考生試卷交由封印官糊名封卷。至仁宗時，為防止筆跡有弊，進一步規定試卷交謄錄所謄寫，以謄本交給考官評閱。明、清鄉會，試

皆沿宋制。清制，於會試下第之舉人及順天鄉試，正榜外分別挑取作弊坎肩能書者充謄錄，備各館繕寫，集資得邀議試。

神秘「槍手」溫庭筠

古代考生參加科舉考試，開始入場時必須經過嚴密的搜身檢查，嚴防作弊事故發生。但仍在不少人夾帶草稿，多是將絲綢夾帶、紙夾帶卷成小卷，密縫於衣袖裏，或塞進空心的筆桿裏、辮在髮辮中、藏在硯臺底部，或藏在乾糧裏，等等，但一經查出，即嚴懲不貸，以嚴明考紀，制止不正之風。

槍替高手溫庭筠，為唐太原人，原名岐，字飛卿。寄家江東。每入試，押官韻，八叉手而成八韻，時號「溫八叉」。大中初應進士，仕途不得意。從 40 歲到 55 歲的 15 年間，曾多次應舉，但都名落孫山。官國子助教，常作詩忤時相令狐綯，故不被大用。其詩詞藻華麗，多寫個人遭際，於時政亦有所反。詞多寫閨情，風格穠豔。現有詞六十餘首，在唐詞人中數居第一，多收入《花間集》，為花間派鼻祖，其詩與李商隱齊名，稱「李溫」。詞則與韋莊並稱「溫韋」。又工駢文，與李商隱、段成式齊名，因三人皆排行十六，時稱「三十六體」。原有集，已散佚。後人輯有《溫庭筠詩集》、《金荃詞》。另著有傳奇小說集《千子》，原本不傳，《太平廣記》引錄甚多。黃升在《花庵詞選》中評溫詞為：「極流麗，宜為《花間集》之冠。」

槍替，科舉時代冒名代考叫槍替，代考者稱為搶手。

溫庭筠儘管屢試失敗，但失敗是成功之母，他從中積纍了豐富的

臨場經驗，而且諳熟考場規則，具備了應對考場複雜形勢的應變能力。唐代的考場除了進行嚴格的入場檢查之外，座席之間還設置有隔離物，要交頭接耳傳替草稿更是難上加難。但在如此壁壘森嚴的情況下，溫庭筠均無阻，如入無人之境，在考場上充分顯露出自己的本領，每每得手而大功告成。而溫庭筠當槍手，完全出於自覺自願去做，從未收費。

唐宣宗（李忱）大中九年（855 年），蘇州吳人戶部侍郎。判度支沈詢出任主考，為了防範舞弊事故發生，他嚴加戒備，並重點鎖定溫庭筠一身。他從歷年考場違規記錄中得知，溫庭筠當槍手，無人匹敵，已經成為「慣犯」，是「天字第一號」。於是，沈詢便特意為溫庭筠專設一考生席，又與周圍的考生隔開一段距離，以便將這個「神槍手」盯死看牢。

次日開考，考場平安無事，沈詢看出溫庭筠守規守矩，甚是老實。溫庭筠突報到身體不適，並提前將試卷交了。沈詢一看試卷，人家仍然交出了千字的文章。但誰也料想不到，溫庭筠早已在考場上做了手腳，他洋洋得意地在考場外悄悄地告訴別人說：「這次考試我救了八個人。」一場考試，替八人當槍手，真是技藝高超，如天馬行空，使沈詢對之絲毫奈何不得。其槍替技藝為史上絕技，令人無不稱奇叫絕。

這次科舉考試，的確發生過重大事故，考試的試題嚴重洩漏。這次洩密的試題是否也落到了溫庭筠的手中，無人得知。這一洩漏機密事件被御史臺專司彈劾之後，對於一批與考試有關的人員進行了嚴厲

的處理，工部侍郎、翰林學士裴諗改國子祭酒；考試官（任宏詞試官）郎中唐技因漏泄試題，出為虔州刺史；兵部員外郎知制誥周敬復罰兩月俸料（俸祿，舊稱官吏所得的薪水、糧食等）；馮涯為京兆府參軍，主京兆府試，此次被罰一月的俸料。

　　溫庭筠終其一生，不但屢試不中，慘敗而歸，而且每次充當義務槍手，考官明明知道是他在作案，但又拿不出確鑿的證據，只有記錄在冊，他雖有落得一個「品行不端，本性不良」的　名，但毫不損傷他的名節。而且他也滿不在乎，因為他的滿腹經綸仍然在考場中得以充分流露和發揮。

「野鶴進士」黃河清

　　黃河清，字濬如，號異山，儋州人。祖籍乾沖，後遷至王五徐浦村。小時聰慧，勤奮好學，博通史籍。文思敏捷，文筆精巧，品貌兼優。

　　清高宗乾隆十八年（1753 年），黃河清參加鄉試中舉；乾隆二十六年（1761 年）中恩科進士。

　　據說黃河清參加會試後留京準備參加殿試期間，因家境清貧無錢延師學禮，但他並不氣餒，反而窮且益堅，自認為才識卓異，文才超群，又加以榜上名字次序並非前列，殿試時稍微模仿先者便可。皇帝在殿上親發策問也可對答如流。乾隆皇帝在殿試時翻閱應試者名錄，看到黃河清這個名字，頓時龍顏大悅，正因為這一大悅，黃河清立即行了好運。

　　因為有史以來，黃河之水都是渾濁不堪的，歷稽載籍，黃河之水只有一次是清的，那時年景最好，社會穩定，人民安居樂業。有詩曰：

黃河水清，
天下太平。

古人以黃河水清為瑞徵。《文選》三國魏李蕭遠（康）《運命論》：

「夫黃河清而聖人生，里社鳴而聖人出，群龍見而聖人用。」以黃河水清喻難得罕見之事。宋包拯（希仁）立朝剛毅，未嘗有笑容，人謂包希仁笑比黃河清。

當時乾隆皇帝沉思一想：今年恩科殿試貢生名單中有黃河清這個名字，這莫非是大好預兆，可能今年的黃河水變清，天公必將賜予瑞雪兆豐年，國泰民安。於是乎，他要親自看一看這個黃河清到底是怎樣的一個奇才。便打破慣例不按榜上名單次序而下聖諭，傳黃河清首先登殿應對策問。傳者太監連呼：「黃河清上殿！黃河清上殿！」黃河清根本就不相信自己的耳朵，他做夢也想不到自己打頭炮首先被傳呼上殿，絲毫沒有準備，於是慌了手腳，不知如何是好，無奈便硬著頭皮匆匆上殿，雙膝彎曲下跪，慌慌張張地歪著頭對乾隆皇帝斜著眼看，等待皇帝的策問。姦佞的太監見狀便高聲喝道：「黃河清！你莫非吃了豹子膽，竟敢斜目視君，試問你長有幾個腦袋？立即推出斬首！」在場者無不捏一把汗。古代稱斜視為「睥睨」，亦作「闚覦」、「俾倪」、「僻倪」，有厭惡或傲慢意。對君斜視而傲慢，這是一大罪，在當時是要砍頭的。

在此生死關頭，黃河清並不驚慌，而是急中生智，想出了應付的辦法，於是高呼：「學生並無欺君之意，而是奉母命視君，以告慰於慈母！」

乾隆也是一個大孝子，且看到黃河清也是個大孝子。「孝子不匱，永錫爾類。」意即孝子不會乏絕，永賜給您同類同德。於是大孝子惜大孝子，怎能忍心將黃河清斬首呢！再想想黃河清這個名字具有

吉祥之兆，於是擺了擺手，賜他免死。在場的人這才緩緩地舒了一口氣。

經過乾隆皇帝當場策問，黃河清對答如流，仍賜他進士及第。但沒有授予官職。

黃河清榮歸故里，潛心興辦教育，設館授徒。四方八境的生徒聞風而來，每年大約有一百多人。對於貧苦人家的子女，他經常周恤米粟及物資。

為桑梓培育英才，他殫精竭慮教授有方，同時聘任有真才實學的人任教。陳京本年青有為，雖不是舉人、進士，但能詩善對，便聘任他登堂講課。由於黃河清的精心培育，後來不少學生成才，陳京本也考試中舉。

黃河清篤志經學，篤實敦厚，邊執教鞭邊與師友切磋琢磨。他熱愛大自然美好的風光，或是到小溪邊放牧牛群，且優遊有得於幽雅的大自然之間，或靜坐於小溪流水旁，邊垂釣邊看書，享受田園風光之樂趣。

黃河清也是田園詩人，其詩多以農村景物或農夫、牧人、漁夫的勞動場景為題材，如：

夕陽斜照射山巍，
鳥宿亂橡隈。
歸去無須燃火燭，
高攜明月送公回。

其詩歌清雅，景色清麗，色調清新，文筆簡潔。

黃河清胸襟豁達，性格開朗，知足常樂，終身不辱，每每自感無官一身輕的樂趣。

籠雞有米湯盤近，

野鶴無糧天地寬。

他常以這首楹聯自律。

荏苒冬春謝，寒暑忽流易。轉瞬之間，已經過去幾年。經過一些忠臣的從旁提醒，乾隆才又憶起遠在天涯海角的進士、大孝子黃河清，天下太平的祥瑞預兆，於是便派遣使臣日夜兼程南下，渡海抵達儋州，召他赴京走馬上任。但黃河清只立志做大事，不立志當大官，即以「慈母歸天，孝期未滿」為由搪塞，婉轉謝絕。使臣見他歸隱故園之意已決，非言官可動心志，於是便索取這首「野鶴」楹聯返京覆命。「野鶴進士」之稱，便不脛而走，流傳開去。

野鶴性孤高，喜居林野。故常以喻隱士。唐代劉長卿《劉隨州集》一《送方外上人》：「孤雲將野鶴，豈向人間住。」

黃河清於桑梓興學授徒，其地人才日出，其室人品高尚，素有人望，進士輩出。胞弟黃海清，字洛如，乾隆五十一年（1786 年）考試中舉。堂弟黃河照，字湛如，乾隆三十九年（1774 年）亦考試中舉。時人美其名曰「三黃」。

黃河清考中進士，固然是他的真才實學，但也無可否認他這個名字價值千金，引起乾隆皇帝的濃厚興趣而打破常規，跳越榜上名序，

把他排在「天字第一號」，名字給他帶來好運，這是他所始料不及的。

　　張居正是明代湖廣江陵人，字叔大，號太嶽。曾入相，在位十年，頗行改革。他說：「自漢以來，取士悉重閥閱。」又言：「至我國家（明代）立賢無方唯才是用。」

　　王世貞，明蘇州府太倉人，字元美，自號鳳洲，又號弇州山人。後累官刑部尚書，曾言：在科舉制度之前，「世醫」、「世家」、「貴姓」，「其人皆以姓貴」，「有爵而不替」。又言，實行科舉制度之後，「天子所與共天下者皆彬彬書生、誦法孔子輩」，「故其姓之所以貴，漸不在紈絝易在詩書」。

　　以上議論皆言是。但黃河清一個極端尋常的名字，此時貴名，又當別論了。

世界名校面試題

英國的最高學府牛津（University of Oxford）、劍橋（University of Cambridge），是遐邇聞名的大學。要是你想讀，又想圓這個夢的話，就請你在面試時回答這類問題：

（1）要是你是一個柚子（shaddock；pomlo），你想是個有籽（seed）的還是無籽的？

（2）假如你是一隻喜鵲（magpie），你想做什麼？

類似的問題還很多，待後再逐一列舉。

要是你認為這些都是怪異不經的問題而拒不作答的話，那就聽由尊便，你當然跨不進牛津、劍橋這道門檻，也就圓不了你的美夢。除非你的 A-Levels（水準）成績全優，都是 A，尚有考慮的餘地，可能還有一線希望。

對普通考生而言，筆試容易，面試難。因為你不知道你將面對什麼樣的考官，而考官又將對你提什麼樣的問題，特別是那些你連做夢都想不的問題。所謂怪題難題怪在這裏。

你以為這類是怪題，但對考官而言，並不以為然。他們就是通過這類問題來分辨好學生和優秀生，既能判斷出考生的記憶、觀察、想像、思考、判斷等能力；又能挖掘考生潛在的能力，啟開考生頭腦中

到底蘊藏著多少「金礦」。

牛津、劍橋大學曾經出過這些面試的「怪題」：

（1）你希望是一部小說還是一首詩？（Would you rether be a novel or a poem?）——牛津英語系

（2）如果你是一隻喜鵲，你會做什麼？（What would you do if you were a magpie?）——劍橋自然科學系

（3）你準備在一次實驗裏用幾隻猴子？（How many monkeys would you use in an experiment？）——牛津實驗心理學系

（4）談談燈泡。（Talk about a light buld.）——牛津工程系

招生部門對這類怪題卻另有一番解釋。

牛津大學本科招生主管邁克‧尼科爾森曾說：「面試主要集中在學術內容和與學科相關的問題上，不是考覈學生學到了什麼，而是重在評估考生的思維方式對學科相關問題的反應能力，以及如何在不熟悉的領域運用他們對概念的理解。」他對一些人們以為是刁難學生、鑽牛角尖的問題，也加以否定道：「人們認為這些問題離奇怪譎，是因為他們脫離上下文來孤立地理解。比如，如果是考察生物學的相關知識，我們完全可以在問完水果與植物如何繁殖優良品種，產生新的個性以傳代的問題之外，隨即又問香蕉的顏色深淺、鮮豔和所呈現的形狀等問題。」他最後說：「只要考生的知識結構合理，功底紮實深厚，又有強烈的求知欲，通過面試關的可能性就很大，成功幾率就

高。有一年牛津大學對 2.4 萬名考生進行面試，最終錄取 3200 人。」

為了有效地幫助考生面試，排除各種心理障礙，有的獨立教育諮詢機構也應運而生，指導考生順應時機、沉著應戰。如「申請牛劍」就是這樣的順應機構，英文為 Oxbridge Applications（申請牛津大學與劍橋大學）。

這種諮詢公司僅僅提供三天的面試培訓課程服務，讓學生從心理上放鬆，並取得平衡，以便滿懷激情、精力充沛、充滿著自信和力量走向考場，而不是指導考生如何猜題，如何背書拿高分，爭當高分狀元。

也有另一說，認為考生之所以說是怪題，正好反映了他們仍擺不脫歷來應試教育的思路，深陷於這一窠臼，仍隱於現成格式和老套子中，不能獨創一格。

應試教育就是背書教育，也即背答案教育和分數教育。該教育制度崇奉分數至上，分分小命根，一考定終身。所以，學生差一分就落榜，差一分學生就得掏腰包花費幾萬元讀自費。只認分數，不看能力，培養的是高分低能「人才」，高分低能盛行一時。

應試教育下的學生只有為著應試團團轉，為分數活著，從小學到中學，所經歷的大大小小考試多如牛毛，例如，三日一測驗，五日一小考，還有什麼月考、期中考、期末大考，又有平日數不清的口頭提問，而且還有什麼分科考、階段考、抽考、模擬考、過級考、統考、口試，總之是考、考、考，整個青少年時代都繞著分數轉來轉去，轉

去又轉來，一年到頭忙乎乎的叫苦不迭，暈頭轉向。但主管教育者總是樂此不疲，勁頭十足。

由於學生學習如牛負重，從小學一年級起就背著一個沉甸甸的書包，除了正常的學習背書上課之外，假期還要上語文、數學、英語、物理等科的補習班，晚上還要做堆積如山的家庭作業。學生學生，為學習而生，為背書包而生，身上被套上沉重的書包枷鎖，這是學習枷鎖，又是精神枷鎖。這種教育方式又能帶給學生什麼啟發，什麼創造性、創新能力和應變能力呢？所以，當學生一旦碰上玉皇大帝和如來誰大

這一類「怪題」，便被卡住了，猶如被點了「死穴」，傻了！這類問題儘管與語文、數學、物理，化學、外語毫不相干，但只要學生能擺脫書本和答案的束縛，脫前人之窠臼，應用邏輯學的推理和歸納方法，就能概括出一般原理的方法：如來佛＞孫悟空＞玉皇大帝，問題就迎刃而解。

應試教育只能培養出書呆子，只能培育出虛弱的身體、孤僻的性情、孤獨的性格，以及心理承受能力差的「孤家寡人」，更扼殺了孩子的天性，摧殘了青少年的人性；應試教育讓學生從小與世隔絕，兩耳不聞窗外事，一心要拿高分數，致其成為孤陋寡聞的人，更談不上培養獨立創新和應變判斷的能力。

2012 年復旦首屆「望道計劃」選拔學習尖子，進行面試。來自滬、浙、蘇的 237 名學生參加這一面試。面試之後，一些學生百思不得其解：「教授是否有意刁難我？為什麼要問我一些不著邊際的問

題？」

　一名來自江蘇的考生，當他向面試教授介紹他的家鄉在連雲港，為蘇北沿海的天然良港，涉及花果山之時，教授出乎意外地打斷他的話，問他有沒有看過《西遊記》，他作答看過。緊接著教授又問：「玉皇大帝和如來佛祖誰大？」他發呆了，待稍為定神之時作答道：「他們一個是道教，一個是佛教，不具類比性。」

　花果山即連雲港市雲臺山，舊稱青峰頂、蒼梧山。

　玉皇是中國道教崇奉的天帝，即昊天金闕至尊玉皇大帝，簡稱「玉皇大帝」或「玉帝」。原是光嚴妙樂國王子，後捨棄王位到普明秀岩山中修道功成。他輔國救民，濟度眾生，又經歷億萬劫才修成「玉皇上帝」，住天上玉清境三元宮，是總管天上、人間一切禍福的真神，類似人間的皇帝。玉皇的神話顯然受佛教影響。

　如來是佛陀的稱號之一，喬答摩常用以自稱。據一般解釋，歷史人物佛陀是過去和將來證得覺悟或教導他人證得覺悟的眾多佛陀之一。在大乘佛教教義中，如來指人人固有的潛在佛性。

　如來即譯「多陀尼伽陀」、「答塔葛達」等，釋迦牟尼的十種稱號之一。釋迦牟尼常用以自稱，一般也以如來佛稱釋迦牟尼。其含義有兩說。《成實論》認為，「如」指「如實」，即「真如」，「如來者」，乘如實道來成正覺。《金剛經》認為，「如來者，無所以來，亦無所去，故名如來」。

　這位考生說：「我真的不明白教授為什麼對我問這個問題，『望

道計劃』問這個問題是否恰當呀？」

一名理科考官說：「考生如覺得問題『無釐頭』，也可當場提出，再說明為什麼它『無釐頭』，只要言之有理，也是可以加分的。」

「我們現在的教育有個誤區，即長期以來形成的某種錯誤認識和錯誤做法——即認為每道問題應該有一個標準答案。其實今天的面試不是一種考試，它是沒有標準答案的。我們應該把今天的面試當作面談來看。必須引導考生走出這個誤區。」一位文科考官解釋說，「我們不會因為學生回答不出一個問題就對之加以否定。學生可當場否定這個問題，甚至可以反問考官。我們非常欣賞那種當考官把一個問題提出來之後，他會反問你確定條件的學生，因為他的思維周密，能對問題進行縝密的分析。像《西遊記》這道問題，學生如果讀過《西遊記》，回答的空間就非常廣闊。比方他可以說，玉皇大帝不能降服孫悟空，要請如來佛來降伏，這說明玉皇大帝的武力不如如來佛祖。但如來佛祖與玉皇大帝又不是上下級的關係，所以不能說誰比誰大，以證明這道問題太離譜。」

一位來自浙江的考生大惑不解地說：「教授問我一道有關滾動摩擦與滑動摩擦的問題，兩種摩擦有何區別？我沒有答好。」

滑動摩擦力是指當兩個互相接觸的物體發生相對運動時，在接觸面上產生的阻礙它們相對運動的力。

滾動摩擦力是軸承的一種，利用滾珠或滾柱的滾動來代替滑動。摩擦力較小，但承受衝擊負荷不及滑動軸承。

「教授接著又問我是否知道高溫超導，我也回答不出來。因為我只知道低溫超導。」

高溫，較高的溫度，在不同的情況下所指的具體數值不同。例如，爐內溫度就要測量物體的熱輻射，在某種技術上指幾千攝氏度以上，在工作場所指 32℃。

低溫，較低的溫度。物理學上指 -192℃ -263℃ 的液態空氣的溫度。一般低溫現象是指溫度低於液氮沸點（-196℃）時物質的性狀。

超導電性是許多元素、化合物及合金在極低溫下呈現的一種性狀。在超導態中，物體的熱、電、磁等性質與正常態迥異。

該考生最後說：「然後教授問我『是否知道最近發現的第三種超導現象？』我也不知道。」一連說了三個不知道後，考生無奈地吐苦水：「我這次報考的明明是復旦醫學實驗班，為什麼給我面試的四位專家偏偏不問我有關醫學的問題，反而問我很多物理學的問題，真是出乎意料，難以理解，太奇怪了！這樣（專家們）就能考查衡量出我在醫學研究上的潛力嗎？」

對於考生的困惑和疑難，醫科考官解釋說：「之所以考官不問這位學生醫學知識的問題，是因為今天面試的考生都不具備醫學背景，不可能問他醫學方面的問題，中學階段有一門課程是直接與醫學彼此相連的。我們通過詢問他對其它學科的知識瞭解，藉以觀察他的分析能力和抽象能力，即借助於概念、判斷、歸納、推理反映現實的思維能力。」他又說：「醫學發展到今天，與越來越多的科學有交叉，成

為交叉科學，物理也是其中一個交叉科學。」

問題是，面試的時間只有 15 分鐘，時間是如此的短促，面試專家會否在判斷上失誤，釀成失之毫釐、錯之千里的悲劇。

面試教授說：「每當我們感到考生有壓力的時候，就會立即切斷。」

面試醫學的專家又說：「我們和學生聊天，主要是考查他的學科背景、分析和抽象能力，以及觀察事物視野寬度和廣度的能力。要是學生的敘述讓考官感到他可能有這方面的潛力，我們就會循著這個點提問，以判斷他在這個點上認知的深厚度。要是考生所有點都知道，那我們就會問得更深入一些，大概界定一下他的知識點範圍。學生的一句話，四名考官興趣點可能完全不同。因此，每名學生的面試過程都是不同的。」

【資料 1】 牛津大學

牛津大學是英國的私立大學。1168 年創立於牛津，是世界上歷史悠久、聲望甚高的大學之一。該校建立之初，以巴黎大學為榜樣，設神學、法律、醫學、藝術等學院，當時，每年有 1200 名學生入學就讀。初創期間缺乏校舍，在租用的大廳裏或教室裏上課。建校初期，學生與居民之間經常發生糾紛。1354 年發生了最有名的學生與市民間的騷亂，雙方竟用弓箭猛烈械鬥，長達兩日。後學生失敗，有的被殺死。事後，牛津市長、警官和 60 名自由市民每年舉行一次宗教默哀儀式，並賠償大學損失，此慣例延續到 1825 年。13 世紀初

期，由於皇家頒發了辦學許可證，牛津大學的地位才得以加強。近年來在該校工作或教學的諾貝爾獎獲得者更增加了牛津的聲譽，獲獎者包括希克斯爵士（經濟學）、波特（生物化學）和廷伯根（動物學）。曾在牛津學習後擔任首相的有：大皮特、坎寧、皮爾、索爾茲伯裏伯爵、格萊斯頓、阿斯奎斯、艾德禮、艾登、麥克米倫、希思和威爾遜爵士。

牛津大學現由 30 多所學院和若干研究生院組成，設立法律、近代史、東方學、人文科學、中世紀和近代歐洲語文學、英語和文學、美術、音樂、經濟、社會科學、教育、心理學、數學、電腦、物理、生理、生物和農業、人文學和地理、醫學、神學等院系。

【資料 2】 劍橋大學

劍橋大學是英國的私立大學，1209 年創立於劍橋，是英國自治的高等教育學府。位於英國劍橋郡劍橋市卡姆河畔，在倫敦以北 80 公里。在劍橋大學成立以前，劍橋就是一座重要城市，曾被羅馬人佔領，後英王威廉在此設防。1209 年，一些學生從牛津遷到這裏。1318 年，教皇約翰二十二世正式認可該校為大學。1284 年，伊利主教雨果・德・鮑爾塞姆創建了該校第一所學院——彼得豪斯學院。劍橋其它學院大多建於其後 300 年中。劍橋大學模仿牛津大學和巴黎大學的形式，於 1571 年正式將各學院合併成立大學。它開設的課程以傳統的三藝（語法、修辭、邏輯）和四藝（算術、幾何、音樂、天文）為基礎。學生學習高級課程以後，可獲得神學、法律、醫學學位。1669 年，艾隆克・牛頓前來教授數學，大大提高了劍橋的學術

地位。他在劍橋居住了近 30 年，使該校數學研究水準達到卓越地位，至今仍然如此。1873 年，劍橋成立了該校第一所女子學院——格頓學院。第一次世界大戰後，許多學者名流在劍橋任教。劍橋大學由 28 所學院和 3 所研究生院組成，設有哲學、古典文學、英語、近代中世紀語言、經濟和政治、法律、歷史、教育、考古和人類學、東方學、音樂、建築、藝術、數學、電腦、物理和化學、工程、地理和地質、化學工程、生物學、臨床醫學、神學等院系。劍橋大學圖書館藏書 300 多萬冊，它同英國國內為數不多的幾個圖書館一樣，享有獲得一本英國出版的任何書籍的權利。圖書館中珍藏的收藏品，包括阿克頓圖書館收藏的中世紀的、基督教的和近代史的圖書，阿斯頓的日本書籍、達爾文的手稿，以及威妥瑪的中國收藏品。菲茨威廉博物館收藏豐富，其中包括重要的古埃及、古希臘和古羅馬的收藏品，中世紀和近代著作家的手稿，以及歐洲著名畫家的作品。

【資料 3】復旦

復旦，既夜而復明。《尚書大傳‧虞夏傳》：「日月光華，旦復旦兮。」白居易《曲江早秋》：「我年三十六，冉冉昏復旦。」復旦其真諦是「自強不息」。

復旦大學是綜合性大學。校址在上海，1905 年由馬相伯創辦，原名復旦公學，1917 年改現名，1942 年改為國立。舊設文、理、法、商、農等學院，1952 年開始為文理科綜合性大學，2000 年上海醫科大學併入，是國家「211 工程」和「985 工程」重點建設高校。

美國大使館招聘筆試怪題

最近流傳美國大使館招聘外籍人員筆試怪題，現摘錄如下：

指引：以下每題都必須回答。時長 4 小時。現在開始。

歷史

描述羅馬教廷起源到現在的歷史，主要集中在其對歐洲、亞洲、美洲和非洲的政治、社會、經濟和哲學方面的衝擊上。

醫藥

你有一個剃鬚刀片、一片紗片和一瓶蘇格蘭威士卡（Scotch），怎樣切除你自己的闌尾。

演講

2500 名瘋狂的游擊戰士正在對這房間發起攻擊。為讓他們冷靜下來，你需要進行即興演講（你可以使用除拉丁語和希臘語之外的任何一種古代語言）。

音樂

寫一段鋼琴協奏曲，並且你將在座位底下找到鋼琴，請演奏出來。

人們看了美國大使館招聘外籍人員筆試題後議論紛紛，感慨萬端：「太難、太怪異了！」有的自嘲：「這麼多年白學了！」

但美國駐華大使館對此加以回應，說這套試題「是假的」，並表示他們從未見過這麼難的試題。「這是太難了，不是我們出的。」「這不僅對中國申請人是很難，對美國申請人來說也很難！」又表示：「這些試題聽起來很離譜，都有點像在考覈電影特技演員的表演技能了。」

美國駐華大使館又表示：「使館不管是招聘中國雇員還是外國雇員，一般都會根據不同空缺職位的工作性質和條件，來具體考覈求職的申請人是否合格，考覈有一定的專業針對性，而對於非美國雇員的招聘，會進行一定的英語語言測試。」

美國駐大使館同時表示：「美國駐華大使館的確有空缺職位待聘，且不乏適合美國以外國籍的求職者。但這些空缺職位根據各自特點提出的要求亦各異，都與職位相關。」例如，美國公民服務部助理職位，除卻要求應聘的人要具有大專以上學歷和至少兩年與公眾聯絡的工作經驗之外，英語水準要運用自如，應達到四會（聽、說、讀、寫）既快又清楚的程度。

同時，各種空缺職位還要求提供中美兩國的婚姻、護照管理、移民、兒童領養、外國人居住權、海關、簽證等法規的有關材料；而且，要具備良好的協調管理能力、公眾溝通思想的能力，以及問題正確判斷的能力和判明是非與判明真相的能力。

一說有關這類題在外企招聘中是家常便飯的事，屬於招聘企業的一種開放性的文化。既然沒有標準的答案，那麼應聘者可自由發表談話，發揮題意或借題發揮，發掘埋藏在自己頭腦中的「金礦」的潛

力，儘量抒發己見。這類題看似怪誕不經，但它易於考查出應聘者的
「軟素質」，如發揮創新能力、反應的敏捷能力、想像能力與應變能
力方面的素養。例如，「切除闌尾炎」一題，不一定要從醫學的專業
角度作答，也可用比喻的修辭手法作答，把事物表達得更加生動和鮮
明。

「孔子老子打架你幫誰」之怪題

據說，一些教師出怪題是為了考查小學生的「腦筋急轉彎」，即反應靈敏度；考中學生的怪題是「脫離生活，浪費資源題」；考大學生的是「神題」，如「孔子老子打架你幫誰？」

如有一道小學一年上學期的語文題：「有一個人到一個地方去，他來回乘同樣的交通工具，可是他去時只耗費一小時，回來卻花了兩個半小時，請問這是為什麼？」這就是讓小學生「腦筋急轉彎」。天哪！請孔夫子的尖子生顏回也恐怕答不出來呢！難怪個別記者請同事、中學生、大學生，甚至教授也答不出來呢！

又據說，有一道考大學招生的「神題」：「有一隻熊掉到一個陷阱裏，陷阱深 19.617 公尺，下落時間正好 2 秒。問熊是什麼顏色的？提供的選擇答案分別是白色、棕色、黑色、黑棕色、灰色。」

人們不禁要問：「掉進陷阱跟顏色有什麼關係？」

出題者給出的答案，又使一些學生心服口服。

根據題目算出 g=9.8085，陷阱的所在地約 44 度。又根據熊的棲息地理分佈，南半球不產熊，便知應為北緯 44 度；其次再推論，既然為熊設計地面陷阱，必定是陸棲熊。再看熊的先天生理均視力不佳，對陷阱難以分辨，故易掉入陷阱。

據以上情況，可推斷的答案：棕熊、美洲黑熊、亞洲黑熊。但題目提供的只有棕熊和黑熊，這只有兩個選擇答案。既然陷阱深度為19.671公尺，土質必為衝擊母質，這樣才易於挖掘。棕熊雖地理分佈廣，但多為高海拔地區，尤其是北溫帶山林地區；雜食性，主食植物幼嫩部分和果實，也吃昆蟲，特別是蟻類和多種脊椎動物，性兇猛，好攻擊；分佈於中國黑龍江、吉林、甘肅、四川、貴州、西藏、青海、新疆等地，歐洲、小亞細亞、印度和北美亦有分佈；捕殺的危險系數大，且沒有黑熊的價值高。黑熊多棲於山地樹林中；雜食，主食植物，也喜吃蟻類和蜂蜜，並吃魚、蛙、鳥類和小型獸類；性孤獨，在較冷地區，冬季蟄伏洞中處於半睡眠狀態；能游泳，善爬樹，能直立行走，廣布於中國大部分地區，亦分佈於俄羅斯、朝鮮半島、日本、越南、印度、緬甸、尼泊爾等地。而且熊掌（熊蹯，即熊的腳掌）是一種珍貴的食品。《孟子·告子上》：「魚，我所欲也；熊掌，亦我所欲也。二者不可得而兼，舍魚而取熊掌者也。」人們獵熊或作為陳列品，或為其經濟價值。黑熊膽的經濟價值高。

由上觀之，棕熊、黑熊分佈的地理位置各異。所以，命題者得出的答案說：該題的正確答案為掉進陷阱裏的是黑熊。

這個標準答案未曾有多少學生能回答。

附錄：千百年來人們易誤解的名句

1‧床前明月光，疑是地上霜

床：井上圍欄。

原句為「床前看月光」，出自李白《夜思》。人們都譯作床前灑滿著銀色的夜光，我疑心是地面落上秋霜。原詩句出自梁簡文帝詩「似秋霜」，作者化其意而用之，寫在榻前就寢時見月光灑滿大地，還懷疑是降了霜。

床本作「牀」，據《辭源》解有數義項：①坐臥之具；②安放器物的架子；③井上圍欄；④底部。《辭海》尚有量詞一義項。此處「床」取井上圍欄之義。《古樂府‧淮南王篇》：「後園（園）作銀井作床，金瓶素綆汲寒漿。」詩人置身在金秋夜靜明月下的井邊圍欄上，抬頭凝望著皎潔的月光，低頭更思念遙遠的故鄉。作者常靜坐望著月亮從峨嵋山冉冉升起。古人又常將「有井水處」此喻為故鄉。相傳古制八家一井，後引申為鄉里、人口聚居地。《韓非子‧八女姦》：「使朝廷市井皆勸譽已。」《文苑英華》陳子昂《謝賜冬衣表》：「三軍葉慶，萬井相歡。」故床非臥床。

2‧予有亂臣十人

亂臣：善於治理國家的能臣。《書‧泰誓》中：「予有亂臣十人。」《疏》：「《爾雅‧釋詁》云：『亂，治也。』治理之臣有十人也。」

亂臣的另一個義項是作亂的臣子。《管子‧群臣》下：「君為倒君，臣為亂臣。」歷代統治者把反對朝廷的臣民叫做「亂臣賊子」，也用來誣衊起義、反抗的人民。《孟子‧滕文公》下：「孔子成《春秋》而亂臣賊子懼。」《後漢書‧董卓傳》：「汝等凶逆，逼迫天子，亂臣賊子未有如泣者。」指李傕。

3‧床頭屋漏無乾處

「床頭屋漏無乾處，雨腳如麻未斷絕。自經喪亂少睡眠，長夜沾濕何由徹！」這句詩出自杜甫《茅屋為秋風所破歌》。屋漏，屋之西北角，一般人解釋為屋頂漏雨。《辭源》對「屋漏」有兩個義項：①屋破漏水處。《世說新語‧排調》：「祖廣行恒縮頭，諧桓南郡（桓玄），始下車，桓曰：『天甚晴朗，祖參軍如從屋漏中來。』」列舉杜甫詩句正為此義項。②房子的西北角。古人設床在屋的北窗旁，因西北角上開有天窗，日光由此照射入室，故稱屋漏。《詩‧大雅‧抑》：「相在爾室，尚不愧於屋漏。」《疏》：「屋漏者，室內處所之名，可以施小帳而漏隱之處，正謂西北隅也。」後稱不欺屋漏，即不欺暗室的意思。《禮‧中庸》「尚不愧於屋漏」，唐孔穎達《疏》：「言無人之處，尚不愧之，況有人之處，不愧之可知也。言君子不問有人無人，恒能畏懼也。」《爾雅‧釋宮》：「西南隅謂之粵，西北隅謂之屋漏，東北隅謂之宧。」屋，小帳；漏，隱。《辭海》亦與上義項同。此外另有「屋溜（霤）」一義項，指水落，屋的承霤，即承屋上雨水

下霤於地之具。

「霤」通流，指屋簷水。《說文》：「霤，屋水流也。」

總之，屋漏在本詩是名詞而不是動詞，具體地說是方位名詞，點出床頭與屋漏。兩處代指

整個屋子已經破漏不堪，但雨腳如麻仍下個不停。

4・名都多妖女，京洛出少年

出自曹植《名都篇》。「名都」指著名的城市。「妖女」即美女。東漢張衡《定情賦》：「夫何妖女之淑麗，光華豔而秀容。」京洛，洛陽的別稱，因東周、東漢均建都於此，故名。班固《東都賦》：「子徒秦阿房之造天，而不知京洛之有制也。」少年，也指青年男子。王維《老將行》：「少年十五二十時，步行奪得胡馬騎。」也指青年，如少年老成。

曹植有稱「天下才共一石，子建獨得八斗」。為建安文學之集大成者。鍾嶸《詩品》說他「骨氣奇高，詞采華茂，情兼雍怨，體披文質，璨溢古今，卓爾不群」。集中體現了建安時期的文學風貌，並為後世典範。鍾嶸推崇為「陳思為建安之傑」。因其最後封地在陳郡，卒「諡思」，故稱「陳思王」。

妖，古指反常怪異的事物或邪惡不正派的人，如妖精、妖怪、妖魔、妖星、妖孽、妖言、妖災等。曹植《美女妖篇》：「美女且閒，採桑歧路間。」妖，又指嬌媚。《京本通俗小說・志誠張主管》：「說

不盡萬種妖嬈，畫不出千般豔冶。」也形容歌曲婉轉動聽。辛棄疾《御街行》詞：「臨風一曲最妖嬈。」妖，也指豔麗，如妖冶。司馬相如《上標賦》：「妖冶閒都。」亦指美而不莊重。歸有光《山茶》詩：「雖具富貴姿，而非妖冶容。」

5 · 夔一足

夔一足。意為「一夔已足，不必多求。」《呂氏春秋·察傳》載：「魯哀公問孔子，舜時的樂官夔是否只有一足。」孔子說：「昔者舜欲以樂傳教於天下，乃令重黎舉夔於草莽之中而進之，舜以為樂正。夔於是正六律，和五聲，以通八風，而天下大服。重黎又欲益求人，舜曰：……若夔者，一足而已。故曰夔一足，非一足也。」意謂一夔已足，不必多求，而誤傳為夔有一足的神話。一說夔是堯時的樂官。《後漢書·曹褒傳》：「昔堯作大章，一夔足矣。」意謂只要是真人才，有一個就夠了。《中國現代記》第一回：「一夔已足，世上哪裏有兼全的事？」

6 · 停車坐愛楓林晚，霜葉紅於二月花

這是杜牧《山行》詩句。坐，由於，為著。古樂府《陌上桑》：「來歸相怨怒，但坐觀羅敷。」坐，又解釋為守定。《左傳·桓公十二年》：「楚人坐其北門。」引申為常駐，如坐辦。又引申為不勞，不動，如坐享其成、坐以待斃。坐，又指方位所在，如：坐北朝南。坐，又解為獲罪。《史記·商君傳》：「商君之法，舍人無驗者坐之。」坐，又解為爭訟相質證。《左傳·僖公二十八年》：「衛侯與元咺訟，

甯武子為輔，鍼莊子為坐。」

坐，又充當副詞：①無故，自然而然。《管子・輕重》甲：「北海之眾，無得聚庸而煮鹽，若此，則鹽必坐長而十倍。」《文選》晉張茂先（華）《雜詩》：「朱火青無光，蘭膏坐自凝。」《注》：「無故自凝曰坐。」②空，徒然。南朝梁江淹《江文通集》三《望荊山》詩：「玉柱空掩露，金樽坐含霜。」③遂，即將。唐柳宗元《柳先生集・早梅》詩：「寒英坐銷落，何用慰遠客。」④正，恰好。唐杜甫《答楊梓州》：「到楊公池水頭，坐逢楊子鎮東州。」

坐，又當介詞，即上舉「停車坐愛楓林晚」句。坐，又是「座」的本字。《韓非子・外儲》：「鄭人有且置履者，先自度其足而置之其座。」坐常用作動詞，以臀部著物而息。古人席地而坐，坐時兩膝著地，臀部壓在腳跟上。坐又引申為乘坐，如坐船、坐車。坐又是名詞，如座位，即席位。賈誼《鵩鳥賦》：「鵩集予舍，止於坐隅兮。」《三國志・魏志・王粲傳》：「車騎填巷，賓客盈坐。」坐，又解為放置，如坐一壺水。坐，又作下覺解，如房子向後坐了。坐，又作當結實解，如坐（結）果、坐（結）瓜。坐，又當猶自解。《文選・鮑照〈蕪城賦〉》：「孤蓬自振，驚砂坐飛。」李善注：「無故而飛曰坐。」坐，又指辦罪的因由，如連坐、反坐。《漢書・賈誼傳》：「古者大臣有坐不廉而廢者，不謂不廉，曰簠簋不飾。」簠，古代祭祀時盛穀物的器皿，長方形，有蓋，有耳。簋，古代盛食物的器具，圓口，兩耳。飾，通「飭」；不飾，謂不整齊。簠簋不飾，比喻為官不廉政。後世彈劾官吏貪污，多用此語。

坐，又引申為相坐、對質。《左傳·昭公二十三年》：「使與邾大夫坐。」杜預注：「坐，訟曲直。」坐，又作恰好、正。林逋《易從師山亭》：「西村渡口人煙晚，坐見漁舟兩兩歸。」坐，又解作即將、遂。韓愈《石鼓歌》：「觀經鴻都尚填咽，坐見舉國來奔波。」白居易《別元九後詠所懷》：「同心一人去，坐覺長安空。」坐，又解作「深」。李白《長干行》：「感此傷妾心，坐愁紅顏老。」坐，又作空、徒然。坐，又作座，量詞，如一坐城池。孔尚任《桃花扇·誓師》：「眼見京師難保，豈不完了明朝一座江山也！」

　　總之，坐是多義詞，一字兼多職。要依據具體的語言環境解釋，才能恰如其分，正合分寸。

7·天子呼來不上船，自稱臣是酒中仙

　　這是杜甫《飲中八仙歌》中的詩句，寫了八位著名的詩人。

飲中八仙歌

（杜甫）

知章騎馬似乘船，眼花落井水底眠。

汝陽三斗始朝天，道逢麴車口流涎，恨不移封向酒泉。

左相日興費萬錢，飲如長鯨吸百川，銜杯樂聖稱避賢。

宗之瀟灑美少年，舉觴白眼望青天，皎如玉樹臨風前。

蘇晉長齋繡佛前，醉中往往愛逃禪。

李白一斗詩百篇，長安市上酒家眠，天子呼來不上船，自稱臣是酒中仙。

張旭三杯草聖傳，脫帽露頂王公前，揮毫落紙如雲煙。

焦遂五斗方卓然，高談雄辯驚四筵。

這首詩是杜甫於天寶五年（746 年）四月以後寫的，當時他初至長安。八仙指唐賀知章、汝陽王李璡、李适之、崔宗之、蘇晉、李白、張旭、焦遂，他們性豪飲不羈，時人稱為「飲中八仙」。該詩描寫八人醉態各異，並以嗜酒刻畫性情狂放，態度狂妄，其中尤以對李白的表達和描寫更是突由，亦更具特色。清施補華曰：「《飲中八仙歌》，題目纖小，章法離奇，不足效法。後人津津稱之，可謂鼓說矣。」清沈德潛曰：「前不用起，後不用收，中間參差歷落，似八章仍似一章，格法古未曾有。每人名贈數語，故有重韻而不妨礙。」明王嗣奭曰：「此創格，前無所因，後人不能學。描寫八公都帶仙氣，而或兩句、三句、四句，如雲在晴空，卷舒自如，亦詩中之仙也。」

「船」，衣領，衣襟。詩中的「不上船」並非指不登皇上的龍舟，而是寫李白敞開著衣襟，連紐扣都不扣上。《康熙字典》解「衣領曰船」，或謂「衣襟為船」。《辭海》亦解「船」為酒器。李濬《松窗雜錄》：「上因聯飲三銀船。」可見，船不光具有水上運載工具一個義項。

8・落霞與孤鶩齊飛，秋水共長天一色

這是唐王勃《王子安集》五《滕王閣詩序》句。現附錄《滕王閣詩》如下：

滕王閣詩

滕王高閣臨江渚，佩玉鳴鑾罷歌舞。

畫棟朝飛南浦雲，珠簾暮卷西山雨。

閒雲潭影日悠悠，物換星移幾度秋。

閣中帝子今何在？檻外長江空自流。

此詩寫作年月史上持有二說：一為王勃前往江西省父路經南昌時作，時年僅十四歲；一說作於上元二年（676 年）王勃往交趾省父時路經南昌所作。但近年學術界對此二說多持異議，或以作於唐高宗李治總章元年（668 年）。

交趾又稱交阯、南交，指今越南北部。

渚，是水中小塊綠地，海島，水邊。

佩玉，古代貴族以佩玉為飾，以玉比德。

鳴鑾又稱鳴鸞。鑾，繫在馬勒或車前橫木上的鈴。鳴鑾，指皇帝出行。

畫棟，經過彩繪的大樑，描寫滕王閣建築的華麗。南浦，今南昌市西南。浦，水邊。珠簾，滕王閣上珠飾的貴重簾幕。西山，今南昌市西北的山，又稱南昌山。「畫棟」一句意為：早上南浦飄來的彩雲，飄拂著雕樑畫棟的樓閣，夜幕西山刮來的風雨，席卷了珠飾的簾幕。此句細緻地描繪出滕王閣的危乎高哉與富麗堂皇，以及當地的自然景色。

閒雲，悠然自得的彩雲。潭影，倒映在深水潭中的雲影。日悠

悠，每天都悠然自在地飄過。物換，自然界的變化。星移，天上星宿不斷地移動，指時勢景物的變化無常。宋辛棄疾《稼軒詞賀新郎·賦滕王閣》：「滕王，唐高祖李淵的第二十二子李元嬰，曾任洪州（今江西南昌）都督，在贛江邊的長洲上建閣，人稱滕王閣。」王勃題此詩時，滕已死。檻外，欄杆外面。長江，此指贛江。空自流，徒然獨自流去。在此作者慨歎不已，景物依然，人已迴天上，以人去閣空的客觀事實對比、世易時移，抒發出在《滕王閣序》中表達的思想：「窮睇眄於中天，極娛游於暇日，天高地迥，覺宇宙之無窮；興盡悲來，識盈虛之有數。望長安，於日下，指吳會，於雲間。」意即，面對太空精密地觀察，利用假期盡情地歡愉。天是這樣的高啊，地是如此的遠，才覺得宇宙萬物的無窮無盡；興致盡了，悲從中來，方識得盈虛的消長都有定數。在太陽底下抬頭遠望長安國都，在雲層中間指點著吳、會二郡。

王勃在憑弔滕王閣時，適值九月九日洪州都督閻公舉宴於閣中，閻公事先已安排其乘龍快婿孟學士作《序》，又故意讓在座眾賓客執筆揮毫。眾賓皆辭讓之。獨王勃初生之犢不怕虎，不讓群儒。閻公初看不順眼而表不悅，後聞報至「落霞與孤鶩齊飛，秋水共長天一色」二句，「如聽仙樂耳暫明」，頓時前倨後恭，認為王勃有兩下子，深表佩服。此詩附於《序》文之末，詩人撫今追昔，抒發年華易逝，盛衰無常之感慨。尤其是「閒雲潭影日悠悠，物換星移幾度秋」，鋪敘了宇宙無限之空間與悠長的歲月，探求了大自然的變化無常與世事滄桑的奧義，表達了深邃宇宙哲理的意識，寄慨遙深，成為千古名句。

宋俞元德《螢雪叢說下》：「王勃《滕王閣序》：『落霞與孤鶩齊飛，

秋水共長天一色」，世率以為警聯。然落霞者，飛蛾也，即非雲霞之霞，土人呼為霞蛾。至若鶩者，野鴨也。野鴨飛逐蛾蟲而欲食之故也，所以齊飛。」星散的飛蛾被孤單的野鴨在水面上追捉，這就是最恰如其分的詮釋。

9‧紅酥手，黃縢酒，滿城春色宮牆柳

此句出於陸游的名作《釵頭鳳》。

《釵頭鳳》

紅酥手，黃縢酒，滿城春色宮牆柳。東風惡，歡愉薄，一杯愁緒，幾年離索。錯，錯，錯！

春如舊，人空瘦，淚痕紅浥鮫綃透。桃花落，閒池閣，山盟雖在，錦書難托。莫，莫，莫！

《釵頭鳳》填於紹興五年（1155 年），詩人時值 31 歲（一說 27 歲）。元周密撰二十卷《齊東野語》：「陸務觀初娶唐氏，閎之女也，於其母夫人為姑侄。伉儷相得，而弗獲於其姑，既出而未忍絕之，則為別館，時時往焉。其姑知而掩之，雖先知挈去，然事不相隱，竟絕之，亦人倫之變也。唐後改適同郡宗子趙士程。嘗以春日出遊，相遇於禹跡寺南之沈氏園。唐以語趙，遣致酒肴，翁悵然久之，為賦《釵頭鳳》一詞，題園壁間。實紹興乙亥歲也。」這是在仁宗紹興五年。又據南宋陳鵠撰的筆記《西塘集耆舊續聞》（簡稱《耆舊續聞》）：「務觀一日至園中，去婦唐氏聞之，遣黃封酒果饌，通殷勤。公感其情，為賦此詞。其婦見而和之，有世情薄，人情惡之句。」二詞都極感人

至深，後為人樂於傳誦。

紅酥手，紅潤柔和的手。一作糕點。縢，封閉，繩子。

紅酥手中的酥為乳制酪類，喻皮膚潔澤，柔和潤澤。黃縢酒，又名「黃封」。宮廷釀造之酒以用黃羅帕封，故稱，也用以泛指美酒。宋蘇軾《岐亭》之三：「為我取黃封，親拆官泥赤。」

這幾句的意思是紅潤柔和的手，送過了一杯黃封酒，滿城一片春色，宮牆圍著綠柳。這三句寫出當時宴飲的情況及環境。

紅酥手另一說是點心，是桌上的糕點，黃封是飲品。

10・嫁雞隨雞，嫁狗隨狗

這個成語原為「嫁雞（乞）隨雞（乞），嫁狗（叟）隨狗（叟）」，其意為女人就算嫁給乞丐或老頭，也要隨其生活一輩子，無怨言，從一而終。隨著時代的變遷，這一成語亦轉成諧音「嫁雞隨雞，嫁狗隨狗」，唯夫是從，不能自主。宋趙汝鐩《野谷詩集》中的《古別離》：「我聞軍功去易就，膏血紫塞十八九。嫁狗逐狗雞逐雞，耿耿不寐輾轉思。」也比喻寄人籬下，任憑擺佈，不能自主。宋歐陽修《文忠集》七《代鳩婦言》：「人言嫁雞逐雞飛，安知嫁鳩被鳩逐。」莊綽《雞肋編》卷下：「杜少陵《新婚別》云『雞狗亦得將』，世謂諺雲『嫁得雞逐雞飛，嫁得狗逐狗走』之語也。」《紅樓夢》第八十一回：「你難道沒聽見人說『嫁雞隨雞，嫁狗隨狗』？」《元曲選》武漢臣《老生兒》劇三：「我嫁的雞隨雞飛，我嫁的狗隨狗走，嫁的狐堆坐的

守。」

11・「王八蛋」

「王八蛋」是罵人之語。五代前蜀主王建行八，少無賴，以屠牛、盜驢、販私鹽為事，裏人謂之賊王八。金元好問《遺山集》十一雜著詩之七：「泗水龍歸海縣空，朱三王八竟言功。」朱三，後樑主朱全忠。或以為應作「忘八」，指忘了禮、義、廉、恥、孝、悌、忠、信八字。「王八」又是龜的俗稱。《雍熙樂府》二《叨叨令兼折桂令》：「蝦兒腰，龜兒輩，玉連環繫不起香羅帶。脊兒高、絞兒細，綠茸毛生就的王八蓋。」實際上這句話的真面目是王八端，諧音為「忘八端」，意為人處世立身之本都忘記了，還像人嗎？

12・三個臭皮匠，頂個諸葛亮

這是一句諺語。「皮匠」原指「裨將」，諧音。裨將，即副將。《史記・李斯傳》：「（蒙恬）為人臣不忠，其賜死，以兵屬裨將王離。」此句原指三個副將的智慧加起來就能頂一個諸葛亮的智慧，比喻人多見識廣，智慧高。該諺語在流傳過程中，人們將「裨將」說成「皮匠」，這根本對不上號。

13・有眼不識金鑲玉

金鑲玉形容事物精美，有如黃金鑲著的美玉，原句為「有眼不識荊山玉」。

荊山是山名。湖北、陝西、河南、安徽皆有荊山，本句所指為湖北南漳縣西的荊山，漳水所出。《書‧禹貢》：「荊及衡陽，惟荊州。」漢孔安國《傳》：「北據荊山，南及衡山之陽。」相傳卞和得璞玉於楚荊山，本語即出於此。

14‧狗屁不通

狗屁不通本是鄙視文理不通的人。文理指文章內容和詞句方面的條理。文理不通即指文不對題，文不從字不順。

狗屁不通原為「狗皮不通」。因狗的表皮沒有汗腺（又稱汗膚，毛孔、汗孔，是皮中分必汗的腺體。汗腺隨交感神經的支配，分泌量隨外界溫度和心理狀態的變化而增減。汗孔是汗腺在皮膚表面的開口，汗從這裏排泄出來），但在夏日炎炎似火燒的季節，狗又如何散熱的呢？原來，狗的舌長而薄，具有散熱功能，每當氣溫升高之時，狗便將舌頭伸出嘴外，即可散熱了。

15‧不到黃河心不死

「不到黃河心不死」由「不到烏江心不死」訛變而來。烏江實指烏江亭。秦置，即今安徽和縣東北烏江鎮。楚漢之際項羽垓下戰敗，至此自刎。

項羽即楚霸王。秦亡後自立為西楚霸王，封諸侯王。繼與劉邦爭衡，後為漢軍困於垓下，兵少糧絕，四面楚歌，乃突圍至烏江，自刎。

《初刻拍案驚奇》卷十五：「馬氏道：『恁地說來，也還有些志氣。』我道：『你不到烏江心不死，今已到了烏江，這心原地該死了。我且問你，假若有了銀子，你都去做些什麼？』」《官場現形記》第十七曰：「周老爺道：『這種人不到黃河心不死。現在橫豎我們總不落好，索性給他一個一不做二不休。你看如何？』」

「烏江」訛為「黃河」，讓人百思不得其解。

這句諺語形容某些人對於明知不可能辦的事，卻執意去做，且不肯聽從他人的勸告，不到失敗絕望的地步不肯甘休。

16・不見棺材不掉淚

「不見棺材不掉淚」是從「不見親棺不掉淚」演變而來的，並非見了任何棺材不掉淚。要是不管見了誰的棺材就掉淚的話，那就令人不可思議了。原意為不見親人的棺材以前，是不會掉淚的。比喻一些人執迷不悟，直到失敗才肯停止。常用以責　執迷不悟的人不等到災禍發生，不會改變固執的態度。

17・捨不得孩子套不住狼

「捨不得孩子套不住狼」原為「捨不得鞋子套不住狼」，原意為要打到狼，就不怕跑路，不怕耗費鞋履，這可理解。但四川人管讀「鞋」為「孩」，比喻不付出代價，忍痛作出犧牲，就消滅不了敵人。後也作「捨不得娃子逮不住狼」和「舍不了鞋子（孩子）打不了狼。」也作「捨不得金彈子，打不住銀鳳凰」。其意相同，都是不要顧慮怕

這怕那，否則什麼都幹不成。

第六編

科技

醫學知識

五穀為養　醫食同材

　　五穀是五種穀物，說法不一：①《周禮・天官・疾醫》：「以五味、五穀五藥養其病。」《注》、《莊子逍遙遊》：「不食五穀。」《疏》指麻、菽、麥、稷、黍。《大戴禮記・曾子天圓》盧辯注同，唯豆作菽。菽是豆的總稱。②《孟子・滕文公上》：「樹藝五俗。」趙岐注：「五穀，謂稻、菽、稷、麥、菽也。」③《楚辭・大招》：「五穀六仞。」王逸注：「五穀，稻、稷、豆、麥、麻也。」④《素問・藏氣法時論》：「五穀為養。」王冰注以為是粳米、小豆、麥、大豆、黃黍。⑤佛教密宗修法所使用的五種穀物。因祈禱的目標不同，使用的五種穀物也不同，如《成就妙江蓮華經王瑜伽觀智儀軌》以稻穀、大麥、小麥、綠豆、白芥子為五穀，《建立曼荼羅護摩儀軌》以大麥、小麥、稻穀、小豆、胡麻為五穀等。⑥《周禮・夏官・職方氏》「其谷宜五種」《注》指黍、稷、菽、麥、稻。有稻而無麻。後來統稱穀物為五穀，不一定限於五種；「為養」就是養病。

　　五穀為人類生活所需，為世界主要糧食，除卻充當食糧之外，尚有醫藥功效。

▉ 大米

　　大米具有豐富的澱粉，富於黏性膠質。除了作糧食之外，可釀酒、制澱粉，可作飼料和工業原料。大米可以潤肺，吸收入脾、胃、肺經之後，能滋陰潤肺。滋陰亦稱「養陰」，滋養陰液的一種治法，適用於陰虛潮熱、盜汗，或熱盛傷津而見舌紅、口燥等，常用藥物如沙參、玉竹、天冬、石斛、生地黃等；潤肺是中醫學名詞，滋潤肺陰的一種治療方法，適用於陰肺虧損而致乾咳少痰、咽喉燥痛、鼻燥口幹或兼咯血等，常用藥物如沙參、麥冬、百合、玉竹等。大米又可補中益氣、升陽舉陷，適宜補脾胃氣虛，症見食少、神疲、身熱畏寒、氣短乏力、肺象虛弱及久瀉、久痢、脫肛等；補內臟下垂、重症肌無力、疲勞綜合徵、低熱等屬脾胃氣虛或中氣下陷等。大米亦有補中益氣、消除煩渴、健脾益胃的作用，凡因肺陰虧虛而釀成的咳嗽、便秘等，用大米煮爛成粥服用或加上適量的梨。常服大米粥有益於生津、滋潤皮膚，光滑，而且有彈性。

▉ 黑米

　　黑米又稱菰米，可作蔬菜。其實如米，稱雕胡米。古以為六谷之一。黑米富含鐵元素，可補助人體內的鈣，助益於血漿與骨骼，有助於凝血過程及肌肉的收縮過程，為生命必需的微量營養元素。

▉ 小米

小米又名黍，性黏，可供食用或釀酒，去皮後北方稱黃米子，也有稱糯米的。顆粒細小，穎果球形或橢圓形，去殼後籽實呈白色、黃色或褐色。是黃河流域農耕的早期穀物，生長在旱瘠沙丘地帶。小米養脾，吸入胃、脾、腎經後，具有健運脾氣的作用。補益於脾氣虛弱、運化無力所致的脘腹脹滿、大便溏泄、食欲不振、肢疲乏力等，常用方劑如參苓白術散、香沙六君子等。又可治療脾胃不和，有益於中焦脾胃之氣不和而致胃脘脹悶、噯氣吐酸、厭食、舌淡苔白等症，常用藥物如陳皮、姜半夏、木香、砂仁等，均為中醫的和中方。故小米煮成的粥最適合脾胃虛弱者食用。小米粥黏稠的米油具有保護胃黏膜、補益脾胃的功效，是慢性胃潰瘍病者食用的良方。新米的黏性膠質比陳米的更濃，更為有效。

四 黑豆

黑豆是大豆之一種。大豆依種皮顏色分別稱黃豆、青豆、黑豆、泥豆，以嫩豆粒作蔬菜的稱毛豆。大豆種子富含蛋白質、脂肪和碳水化合物，是世界第一大油料作物和食用蛋白的重要來源。種子提取油脂，或作主食和豆製品。餅粕是食品、醫藥、飼料等工業的原料。黑豆補腎強身，味甘性平，有活血利尿、解毒祛病的功效。腎又稱腰子，是人體造尿器官，左右各一。腎有納氣作用，如腎虛而致吸氣困難，動則氣喘，稱「腎不納氣」，腎氣充足而「耳能納五音」。腎虛致腰痛、耳鳴，患者可取黑豆 50 克，拌入狗肉 500 克文火煮爛，再適當加入有關調味品食用。

五 小麥

　　小麥養心。小麥主要有普通小麥、密穗小麥、圓錐小麥、硬粒小麥、東方小麥、波蘭小麥等。麥粒富含澱粉和蛋白質，主要用於製作麵粉。麩皮可作精飼料和微生物培養基。小麥煮爛之後食用，入心、脾、腎經後，具有保養身心、散熱、止渴、益腎的作用。這是「養和」。「和」是自然的和氣、元氣，又稱「天和」，是自然的祥和之氣。失眠、心煩、悲傷患者可用帶皮的全小麥煮成流體食用，自然起著疏肝理氣、調暢心氣的作用。疏肝是疏調肝氣的一種治法，適用於肝氣鬱結，失去疏泄而致胸悶脅脹、噯氣吞酸等症，常用藥物如柴胡、香附、青皮等。

　　心氣是心臟的精氣，是維持心臟生理活動的物質基礎和動力來源。《靈樞‧脈度》：「心氣通於舌，心和則舌能知五味矣。」心氣虛，則心主血脈、主神志等功能均可減退。

六 高粱

　　高粱養肝。高粱是禾本科穀類作物及其可食穎果，原產於非洲。其食用價值低於玉米，含豐富的碳水化合物、10%的蛋白質、3.4%的脂肪以及鈣、鐵和維生素 b1 和煙酸。通常碾成粉煮粥食用，做小麵包乾和糕餅，也用於制食用油、澱粉、葡萄糖、糊糊和高粱酒。甜高粱主要種植在美國和非洲南部，用作飼料或製作糖漿。高粱耐熱抗旱，是非洲的主要穀物，美國、印度、巴基斯坦以及我國東北部和華

北地區也有栽培，大量種植的則是蘇聯、伊拉克、阿拉伯半島、阿根廷、澳大利亞及南歐。

　　高粱具有健脾益胃、養肝護肝的作用。凡是脾胃兩虛虧的病變，首先是脾虛不能統攝血液的病變，多見於內傷雜病。可見症是納食不化、口淡無味、脘腹脹悶、腰酸足軟、大便溏泄、神情萎疲、面色無華等。或小兒消化不良引起的胃腸道分泌減少，或運動功能失常等產生的消化功能障礙。凡有食欲不振、腹脹、腹瀉、體重減輕等症狀，可取高粱面在鍋中文火焙黃，而後煮成粥服食。

五味為養　醫食同材

不特五穀能養病，五味亦能養病。

五味指酸、甜、苦、辣、咸五種味道。《周禮·天官·疾醫》：「以五味、五穀、五藥養其病。」鄭玄注：「五味，醯（就是醋）；酒；飴蜜（yí mì，用麥芽製成的糖漿）；糖稀；姜；鹽之屬。」《禮記·禮運》：「五味，六和，十二食，還相為質也。」鄭玄注：「五味，酸、苦、辛、咸、甘也。」也泛指各種味道。《老子》：「五味令人口爽。」《疏》：「醯則酸也，酒則苦也，飴蜜即甘也，姜即辛也，鹽即咸也。」

一　酸味

酸是醋的味道。《周禮·大官·食醫》：「凡和，春多酸，夏多苦，秋多辛，冬多咸。」酸甘化陰。酸味和甘味藥物合用，能化生陰津、陰液，適用於脾陰不足而見飲食減少、消化力弱、失眠健忘、腹脹、肢痿等症，以及胃陰不足而見胃脘痞悶、食少、舌絳、咽乾、煩渴、不寐、肌燥、燥熱、大便不爽等症，代表方如芍藥、甘草湯。酸橙也含有維生素 C，以前英國海軍用以預防壞血症。

二　甜味

甜是糖或蜜的味道。《孔子家語・致思》：「楚王渡江，得萍實，大如斗，赤如日，剖而食之，甜如蜜。」甜葉菊的葉含有比蔗糖甜300倍的甜味物質「甜葉菊苷」，是良好的天然甜味劑，用於食品工業或供糖尿病者食用。

甘草的根狀莖均可入藥，性平、味甘，功能緩中補虛、瀉火解毒、調和諸藥，炙用治脾胃虛弱、肺虛咳嗽等症，生用治咽病、痛疽腫毒、小兒胎毒等症。甘草具有腎上腺皮質激素樣的作用，可治慢性腎上腺皮質功能減退症和消化性潰瘍。亦應用於糖果、捲煙和醫藥工業。

甜柑的皮、核、葉皆可入藥。甘味生於百穀。甜菜葉是核黃素、鐵以及維生素 A 和 C 的來源。

三 苦味

苦今指膽汁或黃連的味道。苦草藥可治婦女白帶。苦丁茶是一種具有保健功能的代用茶。含有熊果酸、香樹脂醇、三　類和黃酮類等物質，性涼，可清熱解毒、健胃消積，治痧氣、感冒、咽喉腫痛等症，常服有減肥、降血壓、血脂和膽固醇的作用；亦可煮水外用，可消炎去毒。

苦瓜未熟嫩果可作蔬菜。成熟果瓢可生食，有消熱祛暑、降血糖功效。

苦參根可入藥，性寒、味苦，功能清熱燥濕、殺蟲，主治痢疾、

痔血、濕熱黃疸、疥癬、濕瘡、皮膚瘙癢等症。

四 辣味

辣椒成熟後味辛辣或極辣。辣味就是薑、蒜、辣椒等帶刺激性的味道。薑蒜之性，到老愈辣。薑的根莖辛辣，用為調味品，曝乾者稱乾姜，可入藥。鮮薑用於烹調。可將鮮薑去皮加入糖漿中煮，以為蜜餞。日本等地，在每道菜之間要吃薑片以去味。在醫藥上，生薑常用治疝痛和祛風。乾薑用於麵包、醬油、咖喱菜肴、糖果、蜜餞、薑汁酒。乾薑均含 20%香精油，係通過蒸餾制得，用於食品及香料工業，主要成分是姜稀 C15H24，其辛辣味主要在於含薑油酮。有道「晚吃蘿蔔早吃薑，不用醫生開藥方」。

蒜的鱗莖是眾多民族的菜料，味芳香而辛辣。在美國，蒜的廣泛食用是受歐洲移民影響的結果。在古代和中世紀，蒜的醫療價值早已受到重視，人們還把它當作護身符帶在身上辟邪。蒜的鱗莖含蒜素，能抗菌、祛痰，治療腸痙攣，如呃逆、膀牽筋、癲癇、破傷風、狂犬病等；此外，尚能治支氣管哮喘、賁門痙攣、腸絞痛、腎絞痛等。蒜是治療各種痙攣的藥物原材料，也有益於循環系統的運作。

蔥蒜類蔬菜有韭菜、大蒜、韭蔥、大蔥、分蔥、細香蔥、樓蔥、洋蔥、薤和胡蔥等。這類蔬菜多含有揮發性的硫化丙烯，故有辛辣味，可增進食欲，並具殺菌功效，是一種良好的調味蔬菜。亦作藥用。

五 滷味

　　鹵是鹽的味道。睡前喝杯淡鹽水，可防腿腳抽筋，也稱抽搐，即骨骼肌突然而迅速抽動的現象，如面肌抽搐等，有時泛指驚厥、痙攣等。究其原因有：①神經受到刺激，多為頸椎、腰椎有毛病而引起；②過度疲勞、睡眠不足、少休息而引起局部酸性代謝產物滯留；③嚴寒刺激；④睡姿不好，仰睡時間過長，使被子重壓在腳面上，或俯臥時間過長，腳面與床鋪相抵而眠，這使小腿某些肌肉處於長時間放鬆狀態等。有時因體內電解質失調、缺鈣，使水分大量流失所致，也可能是所服藥物起副作用，或是內科甲減病（甲狀腺減低）等引起。

　　電解質是在水溶液（或非水溶液）中或在熔融狀態下能導電的化合物，如酸類、城類及鹽類等。由於能離解成離子，故能導電。按電離度，分強電解質與弱電解質兩類。

　　防止腿腳等抽筋，還應多喝牛奶和豆漿、吃蔬菜、喝豬及魚等骨湯。臨時突發肌肉抽筋，要馬上按摩相關肌肉部位。如經常抽筋，最好及早就醫。

　　佛教以乳味、酪味、生酥味、熟酥味及醍醐味為五味。

　　乳即奶汁。《魏書‧王琚傳》：「常飲牛乳，色如處子。」酢是酢漿，或果實煮成之漿，或用牛羊馬等乳製成的乳漿。酢是「醋」字。

　　酥是以牛羊乳製成的酪類。

佛教指酒。宋竇蘋《酒譜·異域酒》：「天竺國謂酒為酥。」

醍醐是作乳酪時上一重凝為酥，酥上加油者為醍醐。味甘美，可入藥。《涅槃經》十四《聖行品》：「譬如從牛出乳，從乳出酪，從酪出生酥，從生酥出熟酥，熟酥出醍醐，醍醐最上，……佛以如是。」醍醐又指酒。

五藥為養　醫食同材

五藥是五類藥物。《周禮‧天官‧疾醫》:「以五味、五穀、五藥以養其病。」《注》:「五藥,草、木、蟲、石、谷也。」佛教用來代表一切藥物。佛經東傳後,佛教徒以我國的伏苓、朱砂、雄黃、人參、赤箭作為五藥。

■ 茯苓

茯苓又名松腴,入藥。《淮南子‧說山》:「千年之松,下有茯苓,上有菟絲。」《史記‧龜策傳》作「茯靈」。菌核可食用;並可入藥,性平味甘淡,能益脾、安神、利水滲濕,治脾虛、泄瀉、心悸、失眠、水腫。

■ 朱砂

朱砂也作「硃砂」、「辰砂」。礦物名。為煉汞的主要原料,也可製作顏料、藥劑。古代方士用作煉丹的主要材料。《南史‧陶弘景傳》:「弘景既得神符秘訣,以為神丹可成,而苦無藥物。帝給黃金、朱砂、曾青、雄黃等。」中藥上用為安神、定驚藥。性微寒,味甘,主治癲狂、驚悸、不寐等症。經火煉者有毒。

三 雄黃

雄黃為礦物質，常與雌黃共生，用於製取砷和砷化物等。中醫學上用為解毒、殺蟲藥，性溫，味苦辛，有毒。外用治疥癬惡瘡、蛇蟲咬傷等症，內服微量可治驚癇、瘡毒等症。

四 人參

人參為「關東三寶（人參、貂皮、烏拉草）」之一。見於朝鮮半島，稱高麗參、朝鮮參、別直參。野生的稱為「野山參」，栽培的稱「園參」，根含皂苷、人參酸、揮發油、植物甾醇、維生素等。中醫學上以加工後的乾燥根部入藥，生者性微寒，制後性微溫、味甘微苦，能大補元氣、補脾益肺、生津、安神，主治氣虛欲脫、脾虛食少、肺虛喘乏、津少口渴、驚悸失眠等症。人參略能降低血糖，小劑量使用能提高心臟的收縮力和頻率，興奮中樞神經系統，並可使網狀內皮系統的功能等亢奮；大量劑則能抑制心臟的收縮力和中樞神經系統與網狀內皮系統的功能等。

五 赤箭

赤箭又名獨搖、離母、合離草、鬼督郵。初生莖直上，高三、四尺，狀如箭，故名。赤青色，葉尖小，初夏開淡紫花成穗，實如豆大。其根曝乾後可以入藥，稱天麻。唐韓愈《進學解》：「玉箚丹砂，

赤箭青之、牛溲馬勃，敗鼓之皮，俱收並蓄，待用無遺者，醫師之良也。」赤箭塊莖入藥，性平、味甘，能熄風定驚，主治肝風頭痛、眩暈、抽搐痙攣、小兒驚風等症。

張仲景發明餃子治凍瘡

　　餃子是一種有餡的半圓形麵食，如水餃、蒸餃。餃子並非餃兒。《正字通·餃》：「今俗餃餌，屑米麵和飴為之，乾濕大小不一。水餃餌即段成式食品中牢丸，或謂之粉角。北人讀餃如嬌，因呼餃餌，為餃兒。」餃子的前身是餛飩。但餛飩是和湯吃的，餃子是乾著吃的。

　　除夕包餃子是一項大「工程」，婦女們一早就料理、籌畫著，個個忙得不亦樂乎。一直張羅至午夜，家家戶戶的鞭炮聲響了，才透了一口氣去上香，叩拜天地諸神與祖宗。供上素餡水餃，恭迎諸神下界（下人間）享用。在神位上供奉的餃子，每碗盛上六個，含有六六大順之意。再擺上筷子在碗之右邊，然後燃上三炷香，點燃鞭炮，恭請前後左右諸神及先祖入室團聚。供神的所有規矩做得停停當當之後，闔家人才攏在一起品嘗餃子。

　　餃子可以充饑，也可以治病，是治凍瘡的良藥。這一處方良藥的發明人是張仲景。

　　張仲景是東漢南陽人，名機。學醫於同鄉張伯祖，盡得其傳。初舉孝廉，傳獻帝建安中官長沙太守。時大疾流行，乃鑽研《內經》、《難經》等古醫書，博採眾方，著《傷寒雜病論》，其書輾轉流散，經後人整理成《傷寒論》、《金匱要略》。

　　金匱是以金屬製成的藏書匱。《漢書·龜策傳》對策：「臣竊觀

上世之傳，若高皇帝之建功業，陛下之厚德而得賢佐，皆有司之所覽，刻於玉版，藏於金匱，歷之春秋，經之後世，為帝者祖宗，與天地相終。」

《金匱要略》為漢張機撰，晉王漢和集三卷，為醫雜症者所祖，其書本與《傷寒論》合，至宋時始分為二。

《國語·晉》八：「上醫醫國，其次疾人。」《新唐書·甄權傳》：「古之上醫，要在視脈，病乃可識。」上醫是最高明的醫生；醫國是以治病喻治國，謂為國除病祛弊。宋侯真《嫡窟詞·滿江紅》以為「上醫醫國」是「驚人匀，天外得；醫國手，塵中識」。

張仲景曾有名句以之明志：「進則救世，退則救民；不能為良相，亦當為良醫。」

建安中葉，張仲景官長沙太守，大疾流行、萬民罹患，目不忍睹，於是便以自己的醫術拯救蒼生。當時為官者是不能隨便進入民宅的，於是他擇定每月（舊曆）初一與十五兩天不問政事，洞開衙門，端坐於大堂之上，為民望聞問切，醫治疾病。由於他醫德高尚，施惠於民，為了紀念這位偉大的醫聖，後人就把坐在藥堂上懸壺濟世的醫生稱為「坐堂先生」。

張仲景後來解印去縣，拂袖還鄉。時疫流行，因傷寒而死者十居其七，返鄉又正值數九嚴冬，許多平民百姓食不果腹，衣不蔽體，骨瘦如柴，忍受淒風苦雨的煎熬，不少人的耳朵都被凍爛了，叫人不堪入目。張仲景心裏實是難忍，於是叫弟子以竹、木搭成棚架，埋鍋熬

煮「祛寒嬌耳湯」，自冬至到除夕期間給病患者醫治傳染病、內科雜症和手、足、耳等部位的凍瘡。他把羊肉、辣椒及生薑等驅寒藥物統統放入大鍋熬煮，然後將其撈出，切成細碎，用和過的麵包成形似耳朵的「嬌子」，煮熟後分給患者食用。人們食了嬌子，喝了「祛寒湯」，周身感到暖和，手、足、耳頓時發熱，凍傷的部分很快治癒。由於他對症下藥，輕者散寒通絡，重者溫經散寒、調補氣血。皮肉潰爛者托裏解毒，除內治之外，又輔以外治，輕者以生薑及紅靈酒之類頻擦；皮肉開裂或潰爛者，用對生肌收口起作用的藥物塗敷。不久，患者個個身離病，人人病離身。這就是手到病除，是醫師父母心。

張仲景醫治凍瘡，以活血、消炎為原則，對患者精心醫治，輕度凍瘡預後不留痕跡，重度凍瘡卻形成瘢痕。

張仲景以嬌子治凍瘡的高超手法自此不翼而飛，不脛而走，一傳十，十傳百，百傳千，千傳萬。後人便也學張仲景做嬌子，在過年時食用。因為每天開始是子時，相當於深夜十一點至凌晨一點，每個時辰兩小時。每年的除夕之夜不但是新舊兩天之交，同時又是新舊歲的更替，年年如此，周而復始，「嬌子」與「交子」正好又是諧音，故除夕闔家吃餃子便逐漸形成習俗。

張仲景總結了外感性疾病的規律，又對一般內科、婦科等雜症提出了診斷治療的原則及藥方。他繼承了以《內經》為主的古典醫籍的基本理論，提出了包括理、法、方、藥等比較系統的辯證論治原則，使中醫學的基礎理論與臨床實踐有機地結合。其《傷寒雜病論》書中方劑配伍嚴謹，藥味精煉，療效顯著，沿用至今。因此，後人一直尊

其為「醫聖」、「醫方之祖」。至今河南南陽城東還有「醫聖祠」和「仲景墓」。近來中國中醫界建立了仲景學說研究會。中日兩國學者都在探討他的醫學奧秘。

呵護肝臟的高手

■ 草莓

　　草莓原產北半球溫帶地區，南半球亦廣泛栽培。草莓果並不是真正的漿果，而是由許多瘦果部分嵌入膨大的花托形成的。草莓富含維生素 C、鐵及其它礦物質，常作為餐後水果或果餡。草莓脆餅是美國的傳統點心。栽培的大果草莓於 18 世紀起源於歐洲。19 世紀，多數國家已栽培出適應於當地氣候、日照、海拔等條件的品種。草莓也可制果酒、果醬等。草莓性寒，味酸甜，是養肝與護肝的能手。

　　肝是體內最大的消化腺，為脊椎動物所特有。有的人肝火亢盛，多是由肝火疏泄、氣鬱化火或肝熱素感所致，與情緒激動過度有關，表現為目赤、易怒、頭痛、脅痛、口苦、吐血、咯血、脈弦數等。由於肝火犯肺傷及肺絡，就易煩躁、胸痛等。又因草莓的紅色入心，又可去心火。心是心臟，是脊椎動物推動血液迴圈的肌性器官。五臟分屬五行，心屬火的範疇。心熱火旺的病變，多由心陰不足、情志之火內發，或腎水虧虛不能上濟所致，表現為心煩、失眠、面赤、口渴、口舌生瘡、舌紅，甚則神亂發狂等。草莓富含維生素 C，有助於人體吸收鐵質，助益骨骼，而且能滋養細胞。草莓天生的抗炎成分又可以減少自由基的產生數量。自由基又名游離基，受到外界光、輻射、熱的影響，龜裂而成含有不成對價電子的原子或原子團。所以，草莓又

可提神醒腦。但草莓性涼，脾胃虛寒、易腹瀉、胃酸者須慎重控制食量。

▤ 枸杞

枸杞可供觀賞，嫩莖、葉作蔬菜，中醫學上以果實（枸杞子）、根皮（地骨皮）入藥。枸杞子性平、味甘，能補腎益精、養肝明目，主治目眩昏暗、腎虛腰痛等症。地骨皮，能消虛熱、涼血，主治虛勞發熱、盜汗、咯血等症。平日生活沒有規律且需養護肝的人，每日取10克枸杞泡水出味後食用，對養肝陰與修復肝細胞系統很有助益。人如果肝陰不足，就易引起內傷雜病，常由情志不遂、氣鬱化火、失血傷陰、久病耗損等所致，有眩暈、目花、兩目乾澀、視物模糊不清、皮膚瘙癢，甚至筋肉跳動等症狀。

由於天性肝細胞的病變，使肝臟攝取、結合和排泄膽紅素的功能減退，便產生黃疸，見於肝炎、肝硬化和肝癌等，服枸杞護肝就有助益。肝主藏血，才能正常運作造血功能。

▤ 其它養肝食物

我們在飲食上要注意均衡營養，以達養肝護肝之養身目的，所以，紅、黃、藍、白、黑、綠各種顏色蔬果的成分都應食用，綠、紅、黃色富有葉黃素，即類胡蘿蔔素的一類，這是有機化合物，在許多動物的肝臟中可轉變為維生素 A。在植物中，胡蘿蔔素使花（蒲公

英、金盞草）、果實（南瓜、杏）、根（胡蘿蔔、白薯）呈黃、橙或紅色；在動物中，可見於脂肪（奶油）、蛋黃、羽毛（金絲雀）和貝殼（龍蝦）。

白花菜，花白色或帶紅暈，全草及種子入藥，能消腫止痛，外治風濕性關節炎、痔瘡。

花椰菜俗稱花菜、菜花。莖頂端形成白色肥大花球，葉可作飼料，菜花常作蔬菜，也可做沙拉或配菜生食。

白花菜、花椰菜都是抗癌的高手。

韭菜可作蔬菜。種子供藥用，主治腰膝酸痛、小便頻數、遺尿帶下等症。

佛手，又名佛手柑。果實可供觀賞，亦可制蜜餞。中醫學上以果實和花入藥，果實主治胸腹脹滿、胃痛等症，花功能相似。其果亦可煮食，嫩塊根食法同馬鈴薯。

木耳又稱云耳、黑木耳，灰黑、褐色，也有白色的（銀耳），供食用及藥用。

木瓜，樹可供觀賞；果經蒸煮或蜜漬後可食用；亦可入藥，名「光皮木瓜」，性溫、味酸，能舒筋、和胃、化濕，主治筋脈痙攣、腰膝酸重、腳氣水腫、吐瀉轉筋等症。此外，廣東、廣西、福建稱木瓜為番木瓜，河北、山西、陝西稱為「文冠果」。

貝類指蛤螺等類的有殼軟體動物，主要養殖有牡蠣、縊蟶、泥

蚶、貽貝、蛤蜊、鮑、扇貝、馬氏珠母貝等。

以上食物都能疏肝養肝。

優酪乳治病的功效

　　優酪乳是半流體的發酵乳製品，因所含乳酸成分而有柔和的酸味。其原料用法，美國及中北歐喜用牛奶，土耳其及東南歐常用羊和山羊奶，埃及與印度用水牛奶。優酪乳可能源於土耳其。優酪乳可以加各種香料和甜料，不加糖與香料的天然優酪乳可與水果或蔬菜混合食用。印度人用黃瓜切片加香料做優酪乳沙拉，中東國家用優酪乳做湯與調味品。

■ 富營養、保腸胃

　　優酪乳營養優於鮮奶，對腸胃有保健作用。優酪乳含有乳酸菌，具有酸化腸腔、抑制腐敗菌生長和減弱其在腸道中產生毒素的作用，又有較多 B 族維生素，有助於消化，又能預防與治療便秘（熱秘、氣秘、虛秘、冷秘）。優酪乳有濕腸通便的功效，也能治療腹瀉、腹痛等疾病。

■ 抗感冒

　　優酪乳能抵抗流感（感冒）。感冒有普通感冒與流行性感冒。輕者俗稱「傷風」，重者稱「流行感冒」。此症均為由病毒引起的呼吸道傳染病。除暸解熱鎮痛藥、抗病毒藥及中草藥製劑之外，喝優酪乳

能提高人體胃腸功能，提高人體免疫力，所以喝優酪乳也有抵抗感冒的作用。

▣ 抗衰老

優酪乳拌黑芝麻能潤膚、抗衰老。芝麻有白、黃、棕紅和黑色。中醫學上以黑色種子入藥，能補肝腎、潤燥結。黑芝麻富含蛋白質、維生素 A、維生素 E、糖類、鐵、鈣及卵磷脂。其中，維生素 E 具有極強的抗氧化活性，不但能有效地延緩皮膚衰老，又能滋潤皮膚，還能養血潤燥結、烏髮美容、益骨、益肝補腎，抗衰老。

▣ 抗輻射

喝優酪乳可減輕電磁波輻射對人的損害。電腦、電視機等輻射裝置附近的磁場分為感應磁場與輻射磁場兩部分。感應磁場不輻射能量，電磁場幅度隨距離增加很快衰退。輻射磁場形成能量輻射，其幅度隨距離增加衰退較慢。

優酪乳中的乳酸菌對人體免疫系統具有顯著的促進作用。這種乳酸菌廣泛分佈於乳製品、植物果、葉或動物腸道等處。厭氧或兼性厭氧，廣泛用於乳酸、乳鏈菌肽、優酪乳和益生菌劑的生產中。而且，其中富含的維生素 B 能提高人體抵禦輻射損傷的能力，以及抵禦輻射後人的淋巴細胞數目減損的作用。

淋巴細胞又名淋巴球，白細胞中的一種。分佈於胸部的叫 T 淋

巴細胞,骨髓淋巴細胞即 B 淋巴細胞。前者參與細胞免疫,後者參與體液免疫。某些疾病可影響淋巴細胞數目的增減,如患結核病時,淋巴細胞常有顯著增加。

十九 古代高科技

長明燈

　　墓，古代稱謂很多，如墳、塚、山、陵、陰宅等。但同中亦有異。

　　古時封土隆起的叫墳，平的叫墓。《禮‧檀弓》上：「吾聞之，古也墓而不墳。」《方言》十古：「凡葬而無墳謂之墓，所以墓謂之。」

　　墓，葬地。《漢書‧哀帝紀》建平元年：「太皇太后詔外家王氏田非塚，皆以賦貧民。」《注》：「塚域也。」域即墓地。《後漢書‧欒巴傳》：「域所極，裁二十頃。」

　　塚，高墳，墳墓。

　　山，墳墓。《漢書‧地理志》下：「非獨為奉山園也。」唐顏師古《注》：「如淳曰：《黃圖》謂陵塚為山。」

　　《黃圖》是書名，即《三輔黃圖》。撰者不詳。《隋書‧經籍志》二者錄《黃圖》一卷，記三輔宮觀、陵廟、明堂、辟雍、郊疇等事。

今本六卷，與如淳、晉灼諸家所引不同，蓋出於好事者所增輯。

陵是帝王的墳墓。《水經注·渭水》：「秦名天子冢曰山，漢曰陵。」

陰宅，葬地。《禮·雜記》上：「大夫卜宅與葬日。」《疏》：「宅謂葬地。」後因稱墓地為陰宅。《水滸》一二〇：「我若死於此處，堪為陰宅。」堪輿家以墓地為陰宅，住宅為陽宅。《水龍經·總論》：「若砥取大蕩，陽宅尚有歸收，陰墓必難乘按。」

古今中外都有專門發死人財的盜墓人，而且多為訓練有素的專業隊。他們多在伸手不見五指的黑夜，專門與死人打交道。他們專幹那些見不得人的勾當，而且機構相當龐大，形成「一條龍」服務。有的跋山涉水，專門勘察古墓，進行實地調查，包括地形地貌調查，做好工程「施工」前的充分準備，並做好記錄；有的打造工程施工的工具；有的專門掘墓，在墓穴中「淘金」，將陪葬的金銀珠寶掏個精光的同時，又拋散死人枯骨於光天化日之下曝曬，而後揚長而去；有的專門研究從墓中掏出的金玉珠寶的朝代與年代、品質與價值，成為這方面的「專家」；有的成為「珠寶商」，專門負責珠寶的銷售業務，以求高價迅速出手，避免露出犯罪的蛛絲馬蹟。

以上這些所謂「一條龍」服務是對工程繁雜、需要巨大施工隊的墓地而言，必須成群結隊，一鼓作氣，才能速戰速決。至於一些施工工程簡單的墳墓，一般都是個人單槍匹馬地進行挖掘，以便獨佔獨吞，這就適宜個體「單幹戶」行動，不必組成「互助社」與「合作社」。

並不是所有古墓的墓穴都是漆黑一團的，有的古墓在建築結構成弧形的拱頂上，安裝有一盞長明燈，而且千百年如一日地投射出微弱的燈光，照射到每個幽暗的角落。這就是佛像或神像前長燃不熄的所謂長明油燈。

西亞一個小國敘利亞，已有四千多年的歷史，公元 7 世紀成為阿拉伯帝國的一部分。當時東羅馬帝國亦稱拜占庭帝國，簡稱拜占庭，勢力強大，疆域包括巴爾幹半島、小亞細亞、敘利亞等。其佔領軍在敘利亞發現一個壁龕裏亮著一盞長明燈，用一個精心製作的罩子罩著，罩子可起著擋風和集中燈光的作用。根據當時發現的銘文，確定這盞長明燈是在公元 27 年點亮的，到佔領軍發現之時，已經持續不斷地燃燒了 500 年之久。

龕，盛著佛像或神主的小閣。《宋史·禮志》四《明堂》：「郊壇第一龕者在堂，第二第三龕設於左右夾廡，及龍墀上。」

銘文，文體的一種。古代常刻銘於碑版或器物，或以稱功德，或以申鑒戒，後成為一種文體。

人們對這盞長明燈 500 年不熄的原因，深感神秘莫測，稱為絕妙的神品。令人可惜的是，士兵們得寶不識寶，暴殄天物，隨手將它毀滅掉。

埃及是非洲東北部尼羅河游城的文明古國。遠在舊石器時代，埃及即有居民。新石器文化遺址在埃及境內多有發現。古王國時代（約前 27-前 22 世紀），法老（國王）就大量耗竭民力建造金字塔。古埃

及是世界文明的發源地之一，在文字、曆法、建築、藝術、科學知識等方面，對西亞和歐洲曾有巨大的影響。希臘的一位歷史學家曾記錄有埃及太陽神廟門上燃燒著的一盞長明燈。這盞燈已經燃燒幾個世紀，令人奇怪莫測的是，其竟然不用任何燃料。儘管刮大風下大雨，它都未曾熄滅，而且越發光亮。

古斯丁，亦譯奧斯定，是古羅馬的思想家、教父哲學的主要代表，著有《懺悔錄》、《論上帝之城等》。他曾記述埃及維納斯神廟也有一盞長明燈，風吹不熄，雨澆不滅，神妙異常。

維納斯是古羅馬女神，司掌農田和園林。羅馬人認為她就是司掌愛情的希臘女神阿佛洛狄忒。愷撒出身的尤利亞氏族（也是奧古斯都由於過繼而加入的氏族）出於政治目的，提倡對維納斯的崇拜，他們聲稱自己是埃涅阿斯之子尤魯斯的後裔。從荷馬時代起，人們就認為埃涅阿斯是阿佛洛狄忒之子，不屬於尤利亞氏族。羅馬如三執政之一的龐培也希望與這位重要神祇拉上關係。公元前 55 年，龐培把神殿獻給維納斯。愷撒則在公元前 46 年將神殿獻給生育之母維納斯。羅馬皇帝尼祿死於公元 68 年，此前生育之母一直是維納斯主要的稱號。朱裏亞·克勞狄家族衰敗後，維納斯仍然受到世人和帝王的崇拜。公元 135 年，皇帝哈德良在羅馬建成維納斯廟。維納斯象徵愛情和女性美，因此自古就是重要藝術題材，著名的有公元前約 150 年的朱洛維納斯和公元 1485 年前後波提切利所繪的《維納斯之生》。

公元 1400 年，有人發現古羅馬派勒斯的墳墓裏也燃著一盞長明燈，他是古羅馬國王之子。據專家考證，這盞長明燈已經燃燒了

2000 多年之久，歷經風雨毫無傷損，仍然光彩熠熠。只有抽走燈碗裏的液體，燈才熄滅。有人懷疑是神話中阿拉丁的神燈。

1534 年，英國都鐸王朝國王亨利八世大力加強王權，抗拒羅馬教廷干預其婚事，1533 年與教皇決裂。次年國會通過《至尊法案》，宣佈國王為英國教會首領，並將英格蘭聖公會立為國教。處死不同意其宗教政策者（包括湯瑪斯・莫爾）；下令封閉修道院，沒收其地產；還俗土地採用資本主義方式經營。1543 年將威爾士併入英格蘭。當他的軍隊沖進英國教堂解散宗教團體時，又挖掘了無數墳墓，劫掠了許多金銀珠寶。在英格蘭北部城市約克挖掘羅馬皇帝康斯坦丁之父的墳墓時，偶然發現了一盞長明燈正在熠熠閃光。墓主死於公元 300 年，據推算這盞長明燈已經燃燒了 1200 年之久。

17 世紀中期，在法國里昂東南的格勒諾勃市這座歷史名城，一位瑞士士兵名叫普瑞茲，偶然間發現一個古墓的入口，墓道迂迴曲折且險阻，他竭盡全力進去探寶。但墓裏空無一物，使他大失所望。但有一盞長明燈仍在燃燒，發射著幽幽的微弱燈光，照著這個幽宅。燈上還有一個玻璃罩罩著。他驚奇地將這盞神乎其神的燈帶出墓道，送給了修道院。修道院中的僧徒個個呆若木雞，他們把這寶物小心翼翼地保存著。不久，出人意料的是噩運發生了，一位老僧侶因粗心大意而摔碎了它。

公元 1610 年，一位名叫洛斯克魯茲的煉金術士的墳墓，在他死亡 120 年後被人挖掘。墓裏面也亮著一盞長明燈，人們同樣驚懼不已。

對於長明燈的記載，不獨外國有，中國也有。司馬遷在《史記·秦始皇本紀》中也早有記載：秦始皇的陵墓裏修建了宮殿和百官的位次，藏滿稀奇珍貴的寶物，他命令工人製造機關弓箭，如有人盜墓，一接近就會觸動機關被箭射死。他拿水銀作百川江河大海，用機器互相灌輸。冢的上壁裝飾天文，地下布置地理，取人魚的脂肪作蠟燭，預計能經久不滅。

人魚，大鯢，俗稱娃娃魚。《山海經·北山經》：「泱泱之水出焉，而東流注於河，其中多人魚。」《水經注》十五《伊水》：「《廣志》曰：鯢魚聲如小兒啼，有四足，形如鯪鱧，……司馬遷謂之人魚。」

鯪魚，體側扁，頭短，口小，背部青灰色，腹部銀白色。生活在淡水中，不耐低溫。又名土鯪魚。

鱧，魚類的一科，身體圓筒形，頭扁，背鰭和臀鰭很長，尾鰭圓形，頭部和軀幹都有鱗片。

人魚的脂肪又叫人膏。《漢書·劉向傳》：「石槨為遊館，人膏為燈燭，水銀為江海，黃金為鳧雁。」司馬遷《史記·秦始皇本紀》作：「以人魚膏為燭。」

這裏的「燭」就是長明燈。

定陵在中國有六處，此處指的是明十三陵之一的定陵，明萬曆皇帝朱翊鈞（神宗）墓，在今北京市昌平縣天壽山。定陵葬神宗和孝端、孝靖兩皇后，始建於萬曆十二年（1584），十八年完工。墓室由五個極其高大寬敞的石築殿堂聯結組成。進口處至後牆總長達 87 公

尺。前、中、後三殿間有三重雕刻精美的石門。隨葬品有皇冠、龍鳳冠、龍袍、譜冊、金銀器、玉器、裝飾品和絲織品等，都具有極高的藝術價值及考古價值。1956 年發掘。1959 年於原址建立「定陵博物館」，整理開闢為地下宮殿。

發掘定陵正殿時，發現一口青瓷大缸，內盛蠟質燈油，還有一支燈芯，這就是一盞長明燈。經研究證實，這盞燈在定陵封閉後不久就熄滅了。究其原因，是墓裏缺少助燃物氧氣，故長明燈並不長明。

有一種長明燈的設計是雙層結構的，裏面為容器以盛燈油。燈芯是用醋泡製過的燈草、紗、線等，經久耐燃。外層裝水，其功能是冷卻燈油。使長明燈消耗的油主要不是點燃掉，而是受熱揮發。經過醋泡製的燈芯能保持低溫，油壇外面的水又有效阻止油溫上升，能保持常溫或低溫。但是長明燈畢竟是理想中的夢，要圓這個夢，仍有待人類一代又一代的接力研究。

世界上無論哪個國家的長明燈，都不會經久不熄。一旦被人發現，都因各種各樣的原因很快熄滅掉。從未有過一盞長明燈原封不動的在博覽會上展覽過。眼不見不信，當然，信則有之，不信則無；信者恆信，不信者恆不信。有人認為這種長明燈的能源嚴重違背能量守恆定律。

能量守恆定律，舊稱「能量守恆和轉化定律」，自然科學中最重要的普遍定律之一。該定律由法國哲學家笛卡兒、德國化學家邁爾和物理學家亥姆霍茲、英國物理學家焦耳和格羅夫等在實驗基礎上加以論證和發展。它同細胞學說和進化論一起，被稱為「19 世紀自然科

學三大發現」。

能量守恆定律認為能量既不會憑空消滅，也不會憑空產生，它只會從一種形式轉化為其它形式，或者從一個物體轉移到另一個物體，而在轉化和轉移的過程中，能量的總量保持不變，這就是能量守恆定律。

世界上的一切物質都具有能量，能量有各種不同的形式，它可以由一種形式轉化為另一種形式，由一個系統轉化到另一個系統，在轉化和轉移的過程中的總數值不變。它是人類認識自然，利用自然，保護自然的有力武器。

總之，長明燈是古代自然科學的高新科技，它是精神文明的象徵，這種高新科技並沒有絲毫的危害人類，但至今人類對其尚未理解，覺得不可理喻。有道：「一燈能除千年暗，一智慧滅萬年愚。」

萬里長城與糯米砂漿

秦始皇時代建築的萬里長城，西起嘉峪關，東至山海關。

實際上，萬里長城並非是秦國單獨建造的。早在春秋戰國時，各國為了相互防禦，各在形勢險要的地方修築長城。《左傳‧僖公四年》（公元前656年）：「楚國方城以為城」，長城始見記載。戰國時，齊、楚、魏、燕、趙、秦和中山等國相繼興築：①齊長城。《管子‧輕重》丁：「長城之陽，魯也，長城之陰，齊也。」此齊之長城，沿河因泰山為之。②楚長城。《水經注》三一《沅水》：「盛弘之云：葉東界有故城，始犫縣，東至水達比陽界，南北聯聯數百里，號為方城，一謂之長城。」

犫縣，西漢置，治所在今河南魯山縣東南。南朝宋永初後廢。

瀙水，古水名，即今南泌陽、遂平境內沙河。本為汝水支流之一，明嘉靖間西平、遂平間汝水斷流，此後南汝遂以此為正源。

秦始皇鯨吞六國，威震四海，統一全國之後，以戰國時諸侯國原有長城為基礎，命蒙恬率兵三十萬北逐匈奴，收河南地，主持修築長城。因地形起臨洮，東達遼東，稱萬里長城。主要是防禦匈奴南侵。於公元前214年將秦、趙、燕三國的北邊長城予以修繕，連貫為一，至今仍有遺跡殘存。此後漢、北魏、北齊、北周、隋各代都曾在北邊與游牧民族接境地帶築過長城。明代為防禦韃靼、瓦剌侵擾，自洪武

至萬曆時，前後修築長城十八次。北部長城東起山海關，東南至龍頭，西至嘉峪關，稱為「邊牆」；宣化、大同二鎮之南，直隸山西界上，並築有內長城，稱為「次邊」；東北為防禦兀良哈三衛和建州女真、海西女真的騷擾，在正統、成化年間修築了起自山海關附近的鐵場堡，終今遼河東西岸，至今丹東市東北九連城鴨綠江邊的遼東邊牆。全部總長約 6300 千米，大部分至今基本完好。居庸關一帶牆高 8.5 公尺，厚 6.5 公尺，頂部厚 5.7 公尺，女牆高 1 公尺。各朝代對長城的修建，以漢代和明代的修建工程為最大。明滅元，為防禦蒙古再次南侵，自 1386 至 1536 年先後對長城進行了十多次修建，在建築工程和防禦設備上都有很大的改進。清朝由於政治、軍事的發展，特別是統治策略的改變，便不再大修長城。

自春秋（公元前 770-前 476）各諸侯國家相互防禦開始修建長城以來，除漢民族建立的各王朝修築的長城外，中國其它民族所建立的王朝如北魏、北齊、北周、遼、金、元等都修過長城，長城是中國各族人民智慧和辛勤勞動共同創造的歷史豐碑。長城沿線險要或交通要衝都設有關口，除山海關、居庸關、嘉峪關外，還有喜峰口、古北口、張家口、殺虎口、紫荊關、倒馬關、平型關、雁門關、娘子關等。並在沿線設有烽火臺，遇有軍情，用以報警，至今河西走廊仍殘存有多處烽火臺遺址。千百年來由於風沙侵蝕，嶺谷變遷，長城有些牆段已被黃沙湮沒，有的原來緊靠河灘的已遠離河岸，有些還受到地震的影響，遺留著斷裂或位移痕跡，這些對研究長城沿線的歷史地理提供了寶貴資料。

長城是中國古代偉大工程之一，在中國北方，橫亙甘肅、寧夏、

陝西、山西、內蒙古、北京和河北七個省、市、自治區，沿途穿越莽莽草原、浩瀚沙漠、巍峨群山，直至蒼茫的渤海之濱，好像長蛇盤踞在北方一樣。

長城景象雄偉，波瀾壯闊，顯得格外壯觀，是史無前例的壯舉。如今，從月球上都能夠看到萬里長城，它是中國的第二項「世界文化遺產」，早已列入《世界遺產名錄》。

古老的萬里長城至今已有 2700 多年的歷史，仍屹立於世界的東方，它閱盡人間春色，飽經世事滄桑，成為世界奇跡，令世界稱奇。這到底是什麼原因呢？

這全靠糯米立下的偉大功勞。

糯米又名糯稻，是米質黏性特強的一種栽培稻。通常米質外表呈不透明的乳白色，糊化溫度較低，糊化時間較短。蒸煮後飯質透明，黏性極強，脹性小，多用於製作糕點、釀酒等。糯米是糯稻碾出的米，又名江米。用澱粉加工製成的糯米紙，薄如紙，可以吃，也可用做糖果、糕點等的內層包裝。

古代的中國人就是利用糯米具有極強黏性的性能製成一種黏結性超強的砂漿來建造萬里長城的。這就是萬里長城超越 2700 年而不倒的根本原因。

砂漿是建築上砌磚石用的黏結性物質，古人製造的砂漿是由一定比例的沙子和糯米漿、石灰膏、黏土等加水和成。今天制的砂漿是由一定比例的沙子和水泥、石灰膏、黏土等加工和成，也叫灰漿、砂

漿。

　　古代中國的建築工人將糯米與標準砂漿和合而成為糯米砂漿，用於填充磚塊、石塊，修建城牆、寶塔、墓穴等，其中一些建築歷經千百年風雨的剝蝕、地震的破壞，以及地層的演變，至今猶存。這都是糯米砂漿立下的奇功。

　　糯米砂漿的凝聚力比純石灰砂漿的強度更大，更具有耐水性，經久耐用，是優質的耐水材料。它是一種使用有機與無機原料製成的復合砂漿。這種復合砂漿是當時的高新技術，使很多雄偉瑰麗的建築千百年來能防禦風雨的剝蝕、防禦地震的破壞，至今堅不可摧，甚至用現代的大型推土機也不易推倒。

　　糯米砂漿具有超強度的凝聚力，其秘密的武器是什麼呢？主要是有一種支鏈澱粉的緣故。

　　支鏈反應是在鏈反應中當一個活性中心消失時，能產生一個以新的活性中心的反應。

　　澱粉指有機化合物，化學式為 $C_6H_{10}O_5$，是二氧化碳和水在綠色食物細胞中經光合作用形成的白色無定型物質。多存在於植物的子根、塊根和塊莖中，是主要的碳水化合物食物。工業上廣泛應用。

　　糯米砂漿是由一種特殊的有機與無機合成材料組成的。有機原來指跟生物體有關的或從生物體來的化合物，現在指除碳酸鹽和碳的氧化物外，含碳原子的化合物，如有機酸、有機化學等。糯米砂漿的有機成分是支鏈澱粉；無機是指跟非生物體有關的或者從非生物體來的

化合物，現在指碳酸鹽和碳的氧化物外，不含碳的原子的化合物，如無機鹽、無機肥料、無機化學等，糯米砂漿的無機物——支鏈澱粉，來自於添加至沙中的糯米湯。它發揮著抑製劑的作用：一方面能控制硫酸鈣晶體（化學式為 $CaSO_4$）的白色粉末或晶體，主要用作油漆、白色顏料、紙張填料、拋光粉等，可溶性硫酸鈣可作固體、氣體和有機液體的乾燥劑等的增加，同時又產生緊密的微觀結構。這種結構正是使有機與無機砂漿產生超強度凝聚力的真正原因。經過現代化學的研究和實踐充分地證明，糯米砂漿與石灰砂漿相比較，糯米砂漿的物理特性更穩定，不易被酸、城、強氧化劑等腐蝕，也不易受光和熱的作用而改變性能。它的機械強度更大，相容性更強。這些特點是傳統石灰砂漿所不能具備的，故糯米砂漿必然成為行家修復古代石造建築，如城牆、墳墓、廟宇（廟堂）、寺廟、寺院（修道院）、佛寺、宮殿等的上乘材料。

全球最窄的科林斯運河

運河是人工開鑿的通航水道。在中國古代是通漕運之河，用以溝通不同河流、水系，連接重要城市和工礦區，發展水上運輸。運河在唐以前稱為溝、渠、漕渠、漕河、運渠。宋代始有運河之稱，元明以來漸成通稱。後來把溝通海洋的渠都稱為運河；按地理條件又分為內陸運河和海域運河。跨越分水嶺或高地和比較大的運河，均需建築船閘，使河水分成若干梯級。

科林斯運河穿過希臘科林斯地峽。這地峽是在希臘大陸和伯羅奔尼薩斯半島之間，將科林斯灣與薩羅尼克科灣隔斷。地勢從南部向中部隆起，形成海拔 90 公尺左右的荒涼高地。1893 年，西北連接科林斯灣，東南連接薩羅尼克灣的潮水河的科林斯運河通航了。它長 6.3公里，深 7 公尺，河寬從河床最窄處的 21 公尺，到河面最寬的 25 公尺不等。運河給其西北端的波西索尼亞港及其東南端的伊斯米亞帶來很大的經濟利益。運河只能容納寬度在 16.5 公尺的船舶及深度 7.3 公尺的現代化海洋貨輪。運河縮短了從亞得裏亞海到雅典的比雷埃夫斯港的 320 公里航程。

船舶只能單向行駛，而且在固定的某一時間內，大型船隻能以拖船拖曳才能駛過。

拖船是用於拖曳其它船舶或浮體的機動船，設有拖纜、絞車等拖

曳設備。其用途有拖帶駁船、木排、受損船舶、起重船、浮船塢，拖
曳大船入港埠或船塢等。體積尺度小而主機功率大，對穩定性和操縱
性要求較高。

下水道

北京團城排水系統藏玄機

　　團城在中國北京市西城區、故宮西北、北海以南低丘上。有圓形城垣，故名。金代挖北海湖泥堆成，高 4.6 公尺，周長 276 公尺，面積約 4500 平方公尺，其上建有殿宇。元、明、清均為御園。主要建築承光殿（元代始建）內有玉佛，殿前有玉甕亭，內放元代玉甕，係由整塊玉石砌成。整座團城就是一個圓形的宮殿，被譽稱為「世界上最小的城堡」。整座城牆上沒有一個泄水口，地面上也沒有排水明溝，有時儘管傾盆大雨，但只是雨過地皮濕，雨水立即滲透得乾乾淨淨。那些雨水到底流向何方？原來，古人設計有一個精妙且構思精巧的排水系統。這一精巧的工程是專為皇家設計的，它的秘密武器就是地面所鋪的「青磚」及其「地下涵洞」。青磚具有極強的吸水功能；涵洞是地下孔洞式過水通道。入、出口水面與原水道相接，用於溝渠的交叉處，能使溝渠之水排泄通暢，讓雨水流入涵洞後在地底下形成「暗河」；輸水快，水量損失小。上大下小的青磚構成一個倒梯形，使每塊磚成為一個微型水庫。雨水流經青磚時，經縫隙再流到地下。若雨量再大，又利用北高南低的走勢，迅速地進入質水眼中。所以，

其地面上沒有排水明溝。它的設計是如此的精妙且簡單，只需從地皮挖下深井，每個深井在地下既解決了雨水的排放問題，又合理地讓水患變為水利，灌溉與滋潤著地面上的古木大樹，使之鬱鬱蔥蔥。所以，水眼除卻有滲水與排水功能之外，又可以降低樹根周圍的水位，使土壤裏的水分適宜樹木生長。同時，涵洞又與水眼組成了一個巨大的地下通風透氣系統，為城中的古木大樹提供了良好的地下通風透氣條件，讓這些綠色植物進行光合作用時放出氧氣，吸入二氧化碳。

法國浪漫主義作家雨果在長篇小說《悲慘世界》中曾說：「下水道是城市的良心。」

從北京團城排水系統的奧妙，可見明朝的天子與萬民充滿著無窮的智慧與大度包容的精神。承蒙天恩才福澤萬代，占盡了天時、地利與人和，達到了盡善盡美「天人合一」的境界。

故宮與優越的排水系統

　　故宮，顧名思義是古代封建王朝遺存的宮殿，一般指紫禁城。紫禁城是明、清兩代留下的皇宮，在北京市南北中軸線上。始建於明永樂四年至十八年（1406-1420），後歷代都有改建，是中國現存規模最大的古建築群，也是世界上現存規模最大、保存最好的一座帝王宮殿，先後住過 24 位皇帝，現珍藏稀世文物 105 萬件。是中國博物館行業集大成者，不但涉及領域廣闊，珍品豐富多彩，而且在同等的博物館中，館藏品的品質與檔次都超越國內其它同行。

　　北京故宮東西長 760 公尺，南北寬 960 公尺，面積 72 公頃，共有大小房間 9999 間半，各個建築佈局開闊對稱、嚴整。主體建築前三殿，即金鑾殿（亦稱太和殿），它與後面的中和殿、保和殿總稱為「三殿」，是當時皇帝發佈政令、舉行典禮的地方。這三大殿建在三層的漢白玉雕石臺基上，是全組建築中最高的建築群。再往後是內廷區，以乾清宮、文泰殿、坤寧宮為中心，均為帝後居住的宮殿。也就是說，故宮按功能分前殿與內廷。前者以太和殿、中和殿、保和殿為中心，是帝王舉行大典、召見大臣、處理政務的地方，殿堂體型寬闊，氣勢雄偉而磅礡，宇內雕樑畫棟，金碧輝煌。三大殿中又以太和殿最突出，坐落在 8 公尺高的漢白玉雕石臺上，寬 64 公尺、進深 37 公尺、殿高 27 公尺，是目前中國最大的木結構建築。

　　除宮廷外，還建有玲瓏雅致的御花園，中軸線以西是西路，又叫

西六宮；西六殿之南有養心殿，其暖閣便是慈禧當年垂簾聽政的地方。由此往東，橫穿中路便進入東路及外東路，這裏有一些展覽館，如陶瓷館、青銅器館、繪畫館及珍寶館等。乾隆花園後符望閣旁，有一口「珍妃井」，據說是光緒帝的寵妃珍妃被慈禧推落井的地方。

1911 年辛亥革命結束了中國最後一個王朝，1925 年，故宮改為故宮博物館，成為中國最珍貴的歷史文化遺產之一。為全國重點文物保護單位，並被列入《世界遺產名錄》。

總之，整個故宮建築群是按中軸線對稱佈局，層次分明，主體突出，集中體現了古代中國建築藝術的優秀傳統和獨特風格，體現了中國人民高超的智慧、無窮的智力與創造才能，現為故宮博物院。

說到北京故宮排水系統的優越性，主要歸功於明清時期建造的排水明溝和暗溝。明溝是地面上敞開的排水溝，又稱陽溝。能迅速排除故宮周邊部分地面水。暗溝，即挖一定深度的溝，上蓋土 再回填土，或在溝底填濾水材料或再回填土料的暗溝，它能迅速排除積水，所以故宮從未發生過雨水滯阻的現象。這些明溝與暗溝歷經了 600 多年的歲月，仍默默無聞地「濟世安民」。

紫禁城中的大小庭院，從地形地勢來看，均為中央隆起，周邊斜低，北高南低。但凡下雨，雨水流入明溝的石水槽，而地面與明溝的水立即通過入水口流入地下。至於各個大小庭院的明溝與暗溝的水，又分流入溝水渠的幹線和支線，最後這些雨水將全部流入內金水河。

金水河，金始導今北京城西北玉泉山水東注今三海；元重加修

瀦，下游被圈入禁苑之內，故稱「金水河」。故道自玉泉東南流，在今西直門南入城，東注今三海，又自三海南端至皇城，最終注入通惠河。明改引玉泉為通惠河源，城西金水河故道遂湮廢。玉泉水入城至什剎海後分為二支：一支東南流為通惠河；一支南注三海，東貫大內為金水河，又自宮苑南出繞皇城前東入通惠河。清代以在紫禁城內為內金水河，在皇城前者為外金水河，相沿至今。天安門前有金水河，跨河有漢白玉石橋五座。橋前為天安門廣場。明朝時始稱「承天門」，清順至八年（1651）重修，改稱天安門。

贛州「福壽溝」功在千秋

2010 年 1 月底，中國遭到強暴風雨的連連襲擊。水災為患，引發南昌、南寧等諸多城市嚴重內澇。當洪峰衝擊贛州時，降水量達到百公釐，贛州市竟安然無恙，讓人驚奇不已。究其原因，緣於宋代的一條排水溝。

贛州是中國歷史文化名城，在江西省南部，以贛江得名，此處贛南山地、贛江上游。地形具烏龜之形，城南為龜首，城北為龜尾，向有「浮城」之稱。民間認為不管江水漲多高，贛州城都能「浮」起來。

贛州又是江西省第二大城市。東晉為南康郡治，隋為虔州治，南宋以後為贛州州、路、府治。宋之前贛州常為水患，到了北宋熙寧年間劉彝任知州時，為了根絕水患給百姓帶來的災難，便著手規劃，對興修水利問題亦有全面而長遠的發展計劃，又對贛州城區的街道進行修建；同時，根據街道的地形進行合理的佈局、全面的安排和統籌。對下水道採取分區分流的排水原則，建成兩大乾道排水系統。又因為兩條大乾道延伸的走向酷似篆體的「福」、「壽」二字，故命名為「福壽溝」，後與江西南昌的福壽庵遙相對應。

劉彝是宋福州閩縣人，字執中。幼從胡瑗學。仁宋慶曆六年（1046 年）進士。為朐山令，有惠政。神宗時除都水丞，改知虔州，

著《正俗方》，以醫易巫。加直史館，知桂州。以禁與交趾人互市而失欽、廉、邕三州坐貶，除名為民。哲宗元祐初召還，卒於道。有《七經中義》、《水經注》、《明善集》、《居陽集》等。

福壽溝全長 12.6 公里，至今仍默默無聞地濟世，承載著贛州舊城區近十萬居民的排泄雨水、污水的功能，大致推算，以目前積水區域人口的雨水和污水處理量，即使再增加四倍的流量，均可承受，確保無夷。

劉彝從政，但又是一名水利專家，他完全依據贛州地形走勢的高差，採用自然流向的辦法，因地制宜，因勢利導，讓贛州舊城區的雨水和污水自然排入江中。他又依據水力學的原理，在出水口處，「造水窗十二，視水消長而後閉之」，這樣就有效地防止雨季江水上漲、水位加高而出現江水倒灌入城的情況，解除了水患發生的可能。當江水水位低於水窗時，便借下水道水力將水窗衝開排水；相反，當江水水位高於水窗時，則借江水水力將水窗自外緊閉，確保防止倒灌。其實，水窗的功能類似水門、水閘，通過關閉閘門擋水，開啟閘門過水的低水頭水工建築物。水窗的建造又具有洪水閘、排水閘、分洪閘、擋潮閘的功能，屬於開敞式水窗，用它調節水位和控制流量，適應不同的需要，以防止有害水情造成洪澇等嚴重自然災害。

建造福壽溝總共耗時十年，而給百姓受益千秋萬代。劉彝「治簿書，恤孤寡，作陂池，教種藝，平賦役，抑姦猾，凡所以惠民者元不至」。劉彝就是地道的父母官、清官，他的心中裝的是平民百姓，他「先天下之憂而憂，後天下之樂而樂」。

宋代修建的城牆也是堅不可摧的，不僅能防盜，又能防洪。但劉仍於城內設計建造水塘數百口，與福壽溝相連，使之發揮了極其重要的調蓄作用，實際上組成了一個泄水網路，成為人類建設史上一個不平凡的奇跡。

　　總之，北宋「福壽溝」名副其實，900 多年以來經歷風風雨雨的衝擊至今仍安然無患，主要奧妙在於「順天意而為之」，根據地勢的自然走向，以「因勢利導」的設計思想，採取明溝與暗溝相結合，既避免了溝水外溢，又可利用廢水養魚、種植水生植物，造福人民。它又通過城牆下面的水窗，將污廢水排入章江與贛江。

　　章江又名西江，源出今江西大余縣西聶都山，東北流至贛州市北，合貢江為贛江。

　　貢江又名貢水、會昌江、東江。源出福建長汀縣界，西流至江西贛縣與章水合流為贛江。

　　北宋贛州「福壽溝」為古代城市建設排水系統中極富獨到創見與新精神的綜合性工程，這也是當時創造性的綜合工程，到清朝初期才進行過大規模的保護和修理，使暗溝「廣二、三尺，深五、六尺」不等，成年人可在暗溝中行走自如。這更能發揮它的功能、延長它的壽命，它將綿亙地造福人民。

德國人在青島建的下水道

　　青島在山東省東部，原係一漁村。清光緒二十三年（1897 年）德國侵佔膠州灣，次年強行租借青島，闢為軍港和商港，才將青島構建成最初的城市雛形，也同時設計出新型的現代排水系統。當時是以三四十萬人口的城市規模設計的，建造新的排除雨水和污水的管道（下水道），構思巧妙，設計精密，施工品質上乘，所以整個下水道網路至今仍完整如初，仍發揮著重要作用。

　　德國人於一百多年前曾在租借地設計建造的下水道，在幾年前，有的零件已經老化，必須更新。可惜當年製造零件的公司已經關門。青島有關人員經多方尋覓之後，才有一家德國企業給他們發來了電子郵件，言及根據德國施工慣例，在老化零件周圍 3 公尺範圍之內，應該可以找到存藏的備件。工作人員立即在下水道中找到了一個小小的儲物庫，裏面著實有備件，而且以油布包裹著，打開一看，仍閃閃發光，歲月的流逝對其光澤絲毫無損。

　　租借地，指一國通過條約，以租借方式從他國取得的領土。租借大多有年限，但即使是永久租借地，租讓國也有權要求收回。租借地一般涉及主權行使的移轉。歷史上帝國主義列強曾通過不平等條約從弱小國家取得租借地。

　　青島港闊水深，終年不凍，是華北天然良港，當年德國強租膠州

灣之後，修築水港碼頭，開闢工廠。1904 年膠濟鐵路建成。1914 年，日本從德國手中奪取青島，大肆進行掠奪性經營。1922 年華盛頓會議後，歸還中國。1929 年設特別市，港口繼續發展，1930 年貿易額超過天津港。1938—1945 年被日本再度佔領。青島歷盡滄桑，但德國人建築的下水道，至今仍暢通無阻，讓很多中國人百思不得其解，亦讓後來的主政者汗顏。

附錄：謎團重重

1・先有貓還是先有狗

貓是哺乳綱，食肉目，貓科。狗屬犬科。在狗貓的馴化歷史上，家養狗早於家養貓。原因是對於貓來說，它們經歷過更為漫長時間和艱苦的努力，才脫離野生世界。

狗和貓的祖先都是大約生活在 6500 萬年前的早期食肉動物，但隨後開始沿著兩條軌跡進化，即貓科和犬科。而狗的近期祖先是狼。早在 1.5 萬年以前，狗就成為人類的夥伴。但家貓，這一非洲野貓的後代，卻是在大約 9000 年前才出現。具體來說，歐洲家貓起源於非洲的山貓，一般認為亞洲家貓起源於印度的沙漠貓。

2・先有男人還是先有女人

先有女人，後有男人。包括人類在內的所有高級動物都是先從雌性開始的。隨後才出現了一種異常的現象，使得有一些個體轉變為雄性。

當一種動物的生存狀況相對穩定之時，雌性會佔據支配力。但當災難臨頭，威脅到這一平衡點之時，這一物種就會自動轉為雄性佔據多數領域的上風。

3・先有羽毛還是先有翅膀

人們根據一切已經掌握的材料證明，羽毛出現在翅膀之前。根據最新考古發現的化石表明，在將近 1.3 億年前就有了被羽毛覆蓋全身的陸地動物，其中包括某種恐龍。這就證明了現今的禽類是源於這些早期陸地動物。最初的羽毛是從刺進化而來的，具有防禦的作用，並最終適應環境的需要，成為抵禦嚴寒的工具。隨後，羽毛變得越來越靈活柔軟。隨著年深日久，羽毛逐漸具備了在空氣中支撐主體的能力。羽毛使陸地動物變成了可以滑翔的動物，最終成為可飛行的動物。

4・先有昆蟲還是先有甲殼動物

昆蟲是甲殼綱動物中最古老的物種，是節肢動物門昆蟲綱的動物。昆蟲和甲殼綱動物同屬於無脊椎動物，但後者存在的時間更加久遠，大約出現在 5 億年前寒武紀時代。

寒武紀是古生的第一個紀。「寒武」一詞源自英國威爾士一個古代地名 Cambria 的日語漢字音譯，中國加以沿用。開始於 5.45 億年前，分早、中、晚三個世。生物群以海生無脊椎動物為主，特別是三葉蟲、低等腕足類和古杯類。低等植物的紅藻、綠藻等開始繁盛。這一時期形成的地層稱「寒武係」。

在寒武紀，生物大都生活在水中，動物一般都有堅硬的外殼，以抵禦海水鹽分中化學物質的腐蝕。今天的昆蟲多數是大家族且分類又複雜，但它卻比甲殼綱動物晚出現　大約一億年，即在泥盆紀時代。

那時，陸地上升，植物開始生長。

泥盆紀是古代生物的第四個紀。代表符號為「D」。「泥盆」一詞源自英國一個郡名 Devonshire 的日語漢字音譯，中國加以沿用。開始於 4.17 億年前，結束於 3.54 億年前，分早、中、晚三個世。無脊椎動物除珊瑚、腕足類和原始菊石外，昆蟲出現，其它門類的動物也有發育。脊椎動物中的魚類（甲冑魚、總鰭魚）大量出現。晚期出現原始兩棲動物齧齒類。蕨類、原始裸子植物出現。這一時期形成的地層稱「泥盆係」。

5・先有人類還是先有黑猩猩

人和黑猩猩擁有一個大約生活在 2500 萬年以前的共同祖先，所以他們最初演化的歷程是一樣的。但是，大約在 600 萬年前，二者才開始朝向不同的道路進化。

黑猩猩在分類學屬於猩猩科。

猩猩又名「褐猿」。哺乳綱，靈長目。人類屬於人科。《書・泰誓上》：「惟天地萬物父母，唯人萬物之靈。」人科是靈長目的一科。包括現代人類和所有的化石祖先，如南方古猿屬和人屬。其中，南方古猿的一些進步類型已能製造工具。人科起源的時間可上溯到第三紀上新世。

猩猩科和人科同屬於靈長類哺乳動物。現代人類，又稱智人，出現在大約 20 萬年前的非洲。

6‧先有蛋還是先有雞

雞屬鳥綱，雉科家禽。先有蛋還是先有雞？這個千古之謎一直困擾著人們。先前科學研究的結果都肯定先有蛋，後有雞。現在的家養雞源於野生雉，其馴化的歷史已有 4000 年。前期的家養雞是從一隻原雞產下的蛋中孵出來的。原雞是一種野雞，是現在家雞的祖先。但也有人認為，現在的家雞是不同種的雞雜交之後的產物，不存在到底是雞生蛋還是蛋生雞的問題。因為無論是雞還是其它生物，一個物種的早期成員都是其它一物相近物種的後代。

科學家經過長期研究，確定「先有雞後有蛋」之論。因為雞蛋的形成必須依賴於 OC-17 的蛋白質。這一物質必須在母雞的卵巢中產生，只有先有雞，才能產生第一個蛋。徹底否定「先有蛋後有雞」的懷疑瞎說，圓了千百年以來世人的夢。

參考文獻

《辭源》（北京市：商務印書館，1979 年）

《辭海》（上海市：上海辭書出版社，1999 年）

《全唐詩》（北京市：國際文化出版公司，1995 年）

《大不列顛百科全書（中文版）》（臺北市：丹青圖書有限公司，1987 年）

中國社會科學院語言研究所詞典編輯室：《現代漢語詞典（5 版）》（北京市：商務印書館，2005 年）

〔清〕吳楚材、吳調侯：《古文觀止》（北京市：中華書局，1980 年）

〔漢〕司馬遷：史記（蘭州市：甘肅民族出版社，1997 年）

張撝之、沈起煒、劉德重：《中國歷代人名大辭典》（上海市：上海古籍出版社，1999 年）

魏嵩山：《中國歷史地名大辭典》（廣州市：廣東教育出版社，1995 年）

鄧方：《中國古代神仙祖廟百例》（北京市：中國華僑出版社，1993

年）

劉逸生：《詩經選》（廣州市：廣東人民出版社，1984 年）

陳光裕：《世界地名詞典》（上海市：上海辭書出版社，1981 年）

沈起煒、徐光烈：《中國歷代職官詞典》（上海市：上海辭書出版社，
1998 年）

李恩江、賈玉民：《說文解字譯述》（鄭州市：中原農民出版社，
2000 年）

俞鹿年：《中國官制大辭典》（哈爾濱市：黑龍江人民出版社，1992
年）

袁世全：《譽稱大辭典》（上海市：漢語大詞典出版社，2003 年）

趙孟祥：《中國皇后全傳》（北京市：中國社會科學出版社，2004 年）

喬繼堂：《中國皇帝全傳》（北京市：中國社會科學出版社，2003 年）

孫雲鶴：《常用漢字詳解字典》（福州市：福建人民出版社，1986 年）

許嘉璐：《中國古代禮俗辭典》（北京市：中國友誼出版公司，1991
年）

胡真、張葵：《占測趣談》（上海市：上海古籍出版社，2005 年）

周勛初等：《唐詩大辭典》（南京市：江蘇古籍出版社，1990 年）

錢穆：《論語新解》（北京市：生活・讀書・新知三聯書店，2002 年）

陳子展：《詩經直解》（上海市：復旦大學出版社，1983 年）

昌明文庫·悅讀文化　A0605010

文史趣錄　下冊

編　　著	葉獻高	
責任編輯	蔡雅如	
發 行 人	陳滿銘	
總 經 理	梁錦興	
總 編 輯	陳滿銘	
副總編輯	張晏瑞	
編 輯 所	萬卷樓圖書股份有限公司	
排　　版	菩薩蠻數位文化有限公司	
印　　刷	百通科技股份有限公司	
封面設計	菩薩蠻數位文化有限公司	

出　　版　昌明文化有限公司
桃園市龜山區中原街 32 號
電話 (02)23216565

發　　行　萬卷樓圖書股份有限公司
臺北市羅斯福路二段 41 號 6 樓之 3
電話 (02)23216565
傳真 (02)23218698
電郵 SERVICE@WANJUAN.COM.TW
大陸經銷
廈門外圖臺灣書店有限公司
　電郵 JKB188@188.COM

ISBN 978-986-496-014-9
2017 年 7 月初版
定價：新臺幣 280 元

如何購買本書：

1. 劃撥購書，請透過以下郵政劃撥帳號：
　帳號：15624015
　戶名：萬卷樓圖書股份有限公司
2. 轉帳購書，請透過以下帳戶
　合作金庫銀行　古亭分行
　戶名：萬卷樓圖書股份有限公司
　帳號：0877717092596
3. 網路購書，請透過萬卷樓網站
　網址 WWW.WANJUAN.COM.TW

大量購書，請直接聯繫我們，將有專人為您
服務。客服：(02)23216565 分機 10

如有缺頁、破損或裝訂錯誤，請寄回更換
版權所有·翻印必究
Copyright©2016 by WanJuanLou Books CO., Ltd.
All Right Reserved　　　　Printed in Taiwan

國家圖書館出版品預行編目資料

文史趣錄 / 葉獻高編著. -- 初版. -- 桃園市：
昌明文化出版 ; 臺北市：萬卷樓發行,
2017.07　冊 ;　　公分. -- (昌明文庫. 悅讀文
化)
ISBN 978-986-496-014-9(下冊 ：平裝)
1.世界史 2.文化史 3.通俗史話
713　　　　　　　　　　　　106011172

本著作物經廈門墨客知識產權代理有限公司代理，由廣州中山大學出版社有限公司授
權萬卷樓圖書股份有限公司出版、發行中文繁體字版版權。